So schlafen Babys entspannt ein und durch

Die besten Einschlaftipps einer Tagesmutter ohne weinen, schreien oder Druck

Der Schlaf ist für den ganzen Menschen, was das Aufziehen für die Uhr.

Zitat Arthur Schopenhauer

Inhaltsverzeichnis

Vorwort

- Braucht dein Baby unendlich lange, um einzuschlafen oder zur Ruhe zu kommen, oder will es gar nicht in seinem Bett einschlafen?
- Schläft dein Kind nachts nicht, wacht sehr oft auf oder ist um 4.00 Uhr morgens putz munter (um dann um 6.00 Uhr wieder einzuschlafen)?
- Schläft dein Kind unruhig, wacht schreiend auf und braucht im Bett 3 Schnuller, 5 Kuscheltiere und 10 Stoffwindeln?
- Ist dein Kind sehr nervös, weint tagsüber viel oder trinkt nachts mehr als 1 Liter Flüssigkeit?
- Hat dein Kind nachts Alpträume und anschließend Angst wieder einzuschlafen?

Als Tagesmutter kenne ich diese Probleme. Fast jedes Kind, dass neu bei mir in der Kinderbetreuung anfängt, hat Schwierigkeiten mit dem Schlafen, muss erst lernen selbständig zur Ruhe zu kommen und im Bett liegen zu bleiben. Das erreiche ich ganz ohne schreien, ohne weinen und ohne Druck. Denn ich möchte, dass alle Kinder bei mir entspannt schlafen und aufwachen. Wenn ein Kind weint oder schreit, bedeutet das auch Stress für die anderen Kinder.

Ich habe jedes Jahr mit Babys und Kleinkindern zwischen 1 und 3 Jahren zu tun, und jede Entwicklungsstufe hat ihre eigenen Herausforderungen für einen entspannten Schlaf. Dennoch habe ich in den letzten 8 Jahren viele Gemeinsamkeiten erkannt, und nutze diese, um dem Kind einfühlsam dabei zu helfen in seinen eigenen Schlaf zu kommen.

Wenn du:

- deinem Kind dabei helfen möchtest entspannter einzuschlafen und aufzuwachen,
- dein Kind in seiner Entwicklung unterstützen und fördern möchtest,
- dir mehr Ruhe und Harmonie für deine Familie und dich selbst wünscht,
- nach praktischer Hilfe suchst, um deinem Kind ohne schreien und ohne weinen das Schlafen zu erleichtern,

dann habe ich das Buch für DICH geschrieben.

Mit seiner Hilfe schaffst du es:

- Die Einschlafsituation zu entspannen und zu verkürzen.
- Das dein Kind mit Freude in sein Bett geht und in seinem Bett liegen bleibt, weil es gerne schläft.
- Das dein Kind entspannt, allein einschläft und mit einem Lächeln aufwacht.
- Das dein Kind (immer öfter) nachts durchschläft.
- Das deine ganze Familie genügend Ruhe und Schlaf bekommt.

Resources

Eltern Kinder Coach

Auf meiner Wepsite, **www.eltern-kinder-coach.com**, erhältst du aktuelle Informationen zu mir und meinem Angebot.

Newsletter

Trage dich in meinen Newsletter ein (**https://t2m.io/a3bRrFfZ**), um regelmäßig meine besten Praxistipps direkt aus meiner Kindertagesbetreuung zu erhalten.

Resources

Alle Grafiken plus eine übersichtliche Mindmap mit den Tipps aus diesem Buch, findest du auf dieser Internetseite: **https://eltern-kinder-coach.com/so-schlafen-babys/**

Kostenloses Beratungsgespräch

Du weißt nicht so richtig wie du anfangen sollst, hast Fragen zu deiner persönlichen Situation oder kommst an einer Stelle nicht weiter? Kein Problem: Suche dir einen passenden Termin und wir beide besprechen das am Telefon:

https://elternkindercoach.youcanbook.me/

Beistellbettchen

Hier findest du eine gute Adresse, wenn du dich für ein Bestellbettchen, wie im Kapitel „Familienbett" beschrieben, interessierst:

https://amzn.to/2RrSEYf

Einleitung

Gesunder und ausreichender Schlaf ist für uns alle einer der wichtigsten Faktoren in unserem Leben. Im Schlaf werden die Eindrücke des Tages verarbeitet, wir lernen neue Fertigkeiten, wir regenerieren, wachsen und erholen uns. Aber unser Alltag ist heute mit so vielen Reizen verbunden, dass es für jeden von uns manchmal schwierig ist, die innere Ruhe zu finden. Verkehrslärm, Luft- und Lichtverschmutzung, digitale Medien, Alltagsstress und Angstsituationen fordern unser vegetatives Nervensystem ständig heraus.

Ein Kind schläft intuitiv. Diese Intuition wird von mehreren Faktoren geprägt: von seiner Umgebung, seinen Angewohnheiten und der inneren Ruhe. Dazu kommen die vielen Reize, die es kennen- und einschätzen lernen muss. Je nachdem, auf welcher Entwicklungsstufe sich dein Baby / Kleinkind gerade befindet, hat es mit der einen oder anderen Herausforderung zu kämpfen.

Und diese werden mit dem Alter deines Kindes wachsen. Was zum Beispiel letzte Woche noch völlig in Ordnung war, kann heute schon überholt sein.

Gewohnheiten, die gestern noch lieb waren, passen irgendwann plötzlich nicht mehr.

Wenn dein Kind früh lernt, zur Ruhe zu kommen, wird es sein ganzes Leben lang davon profitieren können.

Entsprechend habe ich dieses Buch inhaltlich für dich aufgebaut: Ich konzentriere mich vor allem auf die Fähigkeit, zur Ruhe zu kommen; einschlafen können und werden wir dann von allein.

Alle meine Praxistipps sind aus meiner Erfahrung entstanden.

Danach schläft ein Kind, das sich sicher und geborgen fühlt, entspannt. Es wird immer wieder zu seinem Schlafrhythmus zurückfinden, selbst wenn es durch einen neuen Entwicklungsschritt oder eine kleine Erkrankung (Erkältung o. Ä.) einmal kurzfristig aus dem Takt kommen sollte.

Lies selbst und probiere es aus.

Warum schlafen Babys nicht durch?

Babys werden nach ein paar Stunden wach, weil sie am Ende einer Schlafphase und am Anfang einer neuen Schlafphase sind. Aus der Sicht deines Babys hat es durchgeschlafen.

Es hat noch kein Bewusstsein für Zeit. Es kennt noch keine Zukunft. Dein Baby ist vollkommen im Jetzt. Und jetzt kontrolliert es seine Bedürfnisse: Hunger, Wärme, Schutz. Je nachdem was es gerade braucht.

Ein Säugling braucht alle paar Stunden Nahrung. Aber Nahrung ist für ihn weit mehr: Es ist auch Wärme und Schutz. Diese 3 Grundbedürfnisse sind immer der Hauptgrund, warum ein Baby nachts aufwacht.

Im Laufe der Zeit haben du und dein Baby euch gewisse Gewohnheiten angewöhnt. Ihr werdet immer mehr zu einem eingespielten Team. Tagsüber kannst du anhand der Tonlage erkennen was dein Kind vermisst oder braucht und euer Zusammenleben wird immer reibungsloser.

Auch nachts erkennst du an der Uhrzeit oder der Art des Schreiens, was los ist: Du weißt, wenn es um 2.00 Uhr nachts wach wird, hat es meistens Hunger. Oder, wenn es um 4.00 Uhr wach wird, ist es häufig ausgeschlafen und möchte aufstehen. Du reagierst dann fast automatisch und spulst eine innere To-Do-Liste ab.

Und genau diese Gewohnheiten halten euch beide von einem entspannten Schlaf ab. Wenn dein Kleinkind feste Nahrung zu sich nimmt, hat es nachts nicht unbedingt Hunger. Wenn es um 4.00 Uhr wach wird, ist es nicht unbedingt ausgeschlafen. Nur, wer hat schon Lust um diese Uhrzeit auf Ursachen-Suche zu gehen. Du bist auch müde und möchtest wieder ins Bett. Allein um den Rest der Familie nicht auch noch aufzuwecken tust du alles, damit dein Baby weiter schläft. Nur, mit diesem Verhalten hilfst du niemandem.

Bei der Suche nach der Zauberformel, wie dein Baby entspannt schläft, geht es eigentlich immer um 3 Dinge:

- Gib ihm die Sicherheit, die es braucht.
- Gewöhne ihn an einen gleichbleibenden Rhythmus.

- Achte auf eure Gewohnheiten (welche sind sinnvoll, welche sind überholt).

Je mehr sich dein Kind sicher ist, dass seine Bedürfnisse gestillt werden, umso leichter wird es sich an einen Rhythmus gewöhnen und (durch-)schlafen.

Wie schlafen Babys?

Dein Baby schläft durch, wenn es alleine einschlafen kann. So kann es von der einen Schlafphase (Leichtschlaf, Tiefschlaf, Traumschlaf) in die nächste übergehen.

Ein Kind, dass in seiner eigenen Zeit zur Ruhe kommen kann, um dann in einen entspannten Schlaf zu gleiten, schläft auch die ganze Nacht durch. Weil es sich sicher fühlt und den Rhythmus kennt.

Mit *Sicherheit* meine ich, dass sich dein Baby in seinem Bett wohl fühlt. Ein Kind, das gerne in seinem Bett liegt, genießt es auch darin aufzuwachen. Und einen Schlafrhythmus erlernt es, indem du ihm zeigst wie lange es schlafen soll.

Kinder schlafen so gerne. In meiner Kindertagespflege genießen es die Kinder in ihr eigenes Bett zu fallen, in den Kissen zu wühlen oder sich in ihr Nest zu verkriechen. Das Bett ist für sie ein Rückzugsort, etwas ganz Gemütliches. Mit diesem Gefühl wachen sie auch wieder auf. Und dieses Gefühl verknüpfen sie mit dem schlafen.

Wenn dein Baby Schwierigkeiten beim Einschlafen hat

Wenn dein Baby Schwierigkeiten beim Einschlafen hat, finde heraus, wie es sich in seinem Bett wohler fühlt. Welche Gefühle verknüpft es mit dem Einschlafen? Was braucht es, damit es zur Ruhe kommt? Und was möchtest du gerne daran verändern?

Die Antworten auf diese Fragen bleiben nicht immer gleich. Mit jeder Wachstumsphase oder Entwicklungsstufe kommen auch wieder neue Herausforderungen. Das Bewusstsein deines Kindes verändert sich, die Herausforderungen ändern sich und damit kommen auch immer neue Probleme.

Viele Babys bspw. lieben es ein kleines Nest in ihrem Bett zu bauen, in das sie sich hineinkuscheln können, oder ein Schnuffeltuch mit deinem Geruch greifbar zu haben. Aber ein 18 Monate altes Kleinkind empfindet das Nest vielleicht als störend.

Mit 2 Jahren beginnt die Trotzphase. Jetzt ist es nicht ungewöhnlich, wenn du mit deinem Kind jeden Abend endlose Diskussionen über das Schlafen gehen oder einschlafen führst. Das bringt in vielen Familien Stress, der es schwierig macht, zur Ruhe zu kommen.

Und mit ca. 3 Jahren entwickelt sich die Fantasie. Jetzt kommen bei vielen Kindern die Alpträume oder die Angst vor Monstern. Je nachdem, wie du auf diese sensible Entwicklung reagierst, kann dein Kind gut / schlecht schlafen.

Daher habe ich dieses Buch in die einzelnen Altersstufen aufgeteilt. Du kannst dich auf den Abschnitt konzentrieren, in dem sich dein Kind gerade befindet. Im Idealfall begleitet dich dieses Buch durch die gesamte Kleinkind-Zeit.

Ein weiterer wichtiger Punkt bei der Lösung, wie ein Baby durchschläft, ist der, dass es dein Baby gewohnt ist, alleine in seiner gewohnten Umgebung zu liegen.

Bleibt dein Baby alleine in seinem Bett liegen?

Wenn du möchtest, dass dein Kind alleine einschlafen kann, sollte es auch gewohnt sein, alleine zu liegen oder alleine zu spielen. Es sollte ihm vertraut sein, sich mit sich selbst zu beschäftigen. Unsichere Kinder sind ständig damit beschäftigt, nach ihrer Bezugsperson zu suchen (Mama, Papa oder die Tagesmutter); ein entspanntes Kind spielt einfach und weiß, dass ich in der Nähe bin.

Wenn dein Kind laut schreiend aufwacht oder nur kurze Zeit schläft, dann gewöhne es daran, dass es, ohne dich bei ihm zu haben, liegen bleibt oder mit sich selbst spielt.

Damit meine ich nicht, dass du dein Kind schreien lassen sollst oder ähnliches. Im Gegenteil: Gib ihm die Sicherheit, die es braucht und ziehe dich langsam zurück. So erweiterst du nach und nach seine Komfortzone. Dein Kind wird ruhiger und sicherer. Es weiß ganz genau wo du bist und ist beruhigt.

Auch dazu findest du in diesem Buch viele nützliche Tipps.

Die richtige Schlafumgebung bringt viel Ruhe rein

Nach meiner Erfahrung ist es hilfreich, wenn dein Kind die richtige Schlafumgebung hat.

Jeder von uns braucht unterschiedliche Bedingungen, um einschlafen zu können. Die einen bevorzugen Dunkelheit so weit wie möglich, andere schlafen das ganze Jahr bei offenem Fenster und wiederum andere Menschen können immer und überall schlafen. Auch dein Kind braucht eine bestimmte Schlafumgebung, um sich richtig wohl zu fühlen.

In meiner Kindertagespflege schlafen die Kinder in Betten auf 2 Ebenen:

Entspannte Kinder schlafen auf der unteren Ebene. Dort können sie nicht herumtoben, weil sie sich schnell den Kopf an der Decke stoßen könnten. Diese Kinder verkriechen sich gerne unter ihre Decke, nehmen Kuscheltiere mit ins Bett und “unterhalten sich gerne” mit dem Bettnachbarn.

Nervöse Kinder schlafen auf der oberen Ebene. Hier haben sie den “Fluchtweg” immer im Auge. Es ist auch nicht so dunkel wie in der unteren Ebene. Sie haben freie Sicht und kriegen alles mit, was im Schlafzimmer passiert.

Diese Kinder brauchen oft länger, um einzuschlafen oder sich an Situationen zu gewöhnen. Sie wälzen sich herum, brauchen viel Platz und werden schnell wach. Sie bevorzugen es, keine Kuscheltiere im Bett zu haben. Alles, was sie nicht brauchen, werfen sie einfach raus. Häufig mögen diese Kinder auch keine Bettdecke. Sie schlafen gerne in einem Schlafsack.

Finde heraus, wie die perfekte Schlafumgebung deines Kindes aussieht. Es ist wichtig, dass sich dein Kind in seinem Bett wohl fühlt. Nur so wird es auch gerne schlafen. Und wenn du sie gefunden hast, gib diese Information auch an die Betreuung deines Kindes weiter. Die Kita oder Tagesmutter kann vielleicht darauf eingehen oder hat eigene Beobachtungen gemacht, die dir wiederum weiterhelfen. Je mehr sich die Situationen zwischen Kinderbetreuung und zu Hause ähneln, umso leichter fällt es deinem Kind einzuschlafen.

Nach dieser kurzen Einführung möchte ich mit dir aber zunächst besprechen was während des Schlafens passiert und wieviel Schlaf dein Kind wirklich braucht.

Schlafbedarf von Babys und Kleinkindern

Wozu brauchen wir Schlaf?

Unser Körper ist ein sehr fein eingestelltes Labor. Mithilfe von Hormonen werden über den Tag verteilt gewünschte Körperreaktionen und -empfindungen gesteuert, wie z. B. Hunger, Durst, Mut, Angst, Wille, Konzentrationsfähigkeit, Fröhlichkeit etc. Alle diese Empfindungen werden durch Hormone hervorgerufen, deren Spiegel über den Tag steigt oder sinkt. Unser Schlaf-wach-Rhythmus wird unter anderem durch Melatonin gesteuert. Für unsere gute Laune ist das Serotonin zuständig. Beide Hormone werden nachts bzw. in den frühen Morgenstunden produziert. Cortisol dagegen ist ein Stresshormon. Es wird morgens von der Nebennierenrinde hergestellt und baut sich im Laufe des Tages langsam ab. Abends sollte der Cortisolspiegel möglichst niedrig sein, damit wir zur Ruhe kommen können. Erreichen uns aber über den Tag verteilt viele Eindrücke, die uns stressen, haben wir abends Schwierigkeiten, zur Ruhe zu kommen und einzuschlafen.

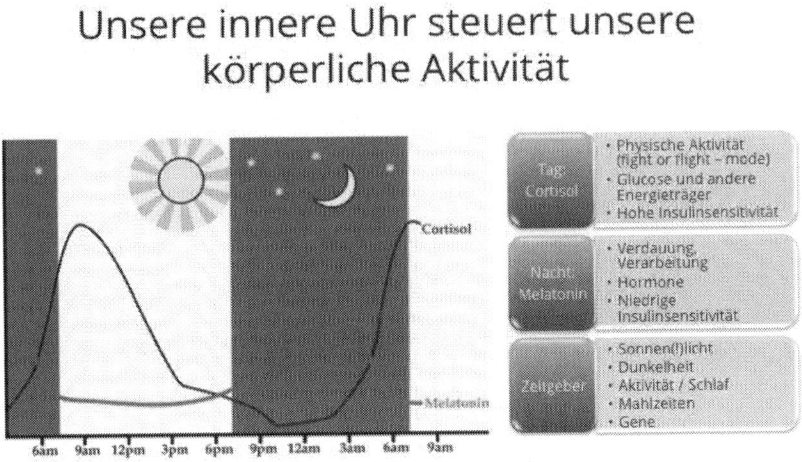

Im idealisierten 24-Stundenrhythmus dominiert tagsüber das Energiehormon Cortisol; nachts sorgt Melatonin für guten Schlaf und viele wichtige Erholungsprozesse.

Psychologen und Kinderärzte beschreiben den Schlaf gerne als „Berg- und Talfahrt“ zwischen den einzelnen Phasen des Leichtschlafes, Tiefschlafes und Traumschlafes. Diese Intervalle wechseln sich regelmäßig ab. Wir werden zwischendurch wach, ohne es zu merken, drehen uns um und schlafen weiter. Jedoch passieren während des Schlafens erstaunliche Dinge in unserem Gehirn. Das gilt nicht nur für uns Erwachsene. Gerade Kinder machen im Schlaf erstaunliche Entwicklungen durch:

1) **Kinder wachsen im Schlaf**

Im Tiefschlaf wird im Gehirn das Wachstumshormon Somatotropin produziert.
Bei Erwachsenen regt dieses die Bildung neuer Körperzellen an und ist elementar für die Regeneration unseres Körpers.
Bei Kindern fördert dieses Hormon insbesondere das Wachstum der Organe und der Knochen.

2) **Schlafen macht schlau**

Ja, so ist es: Während ein Kind schläft, wird es klüger. Ganz gleich, was das Kind (bewusst oder unbewusst) am Tag gesehen, gehört, gelernt oder erfahren hat, im Schlaf wird alles noch einmal erlebt und trainiert. Wenn dein Kind also regelmäßige Ruhezeiten hat, hilft ihm das, seine Eindrücke zu verarbeiten.

a) In der Tiefschlafphase wird vorrangig die Sprachfähigkeit trainiert. Das kannst du gut beobachten: Während des Schlafens bewegt dein Kind seinen Mund und seine Zunge. Es formt so die Wörter, die gerade -noch lautlos- durch seinen Kopf fliegen. Allerdings wird es bis zur korrekten Aussprache der Wörter noch eine Zeit lang dauern. Erst nach mehreren Wiederholungen haben sich die Bewegungen mit Mund und Zunge so gefestigt, dass sich dein Kind traut, die Wörter auszusprechen.

b) Im Traumschlaf hingegen werden eher Bewegungsabläufe wie laufen oder spielen wiederholt. Jetzt hast du eine Antwort auf die Frage, warum du öfters den Fuß deines Kindes im Gesicht hast, wenn ihr alle zusammen im Familienbett versucht zu schlafen.

3) **Schlafen unterstützt die Abwehrkräfte**

Unsere Abwehrkräfte unterstützen unser pausenlos arbeitendes Immunsystem. Je nachdem, wie viele Erreger bereinigt werden müssen, benötigt es dafür mehr oder weniger Energie vom Körper. Hauptsächlich wird während der Nacht „aufgeräumt". Wenn der Körper also nachts zur Ruhe kommt, während wir schlafen, kann das Immunsystem all seine Ressourcen zur Abwehr einsetzen.
Du kennst das sicherlich von dir selbst: Wenn sich eine Erkältung ankündigt, fühlst du dich schlapp und du möchtest eigentlich nur noch schlafen.

Du siehst also, wie wichtig es ist, dass dein Kind genügend Ruhe und Schlaf erhält.

Aber wie viel ist genug?

Das Schlafverhalten deines Kindes ändert sich im Laufe der Zeit ständig. Meine beiden Söhne hatten jeweils während ihrer ersten 4 Lebenswochen fast durchgeschlafen. Nur zum Trinken wurden sie wach. Das änderte sich aber danach.

Wie viel Schlaf dein Kind im jeweiligen Alter durchschnittlich braucht, kannst du an anhand folgender Grafik, die die *Bundeszentrale für Gesundheitliche Aufklärung* veröffentlicht hat, erkennen. Beachte jedoch, dass dein Kind ein Individuum, ein richtiger Mensch ist und keine Statistik. Abweichungen sind völlig normal und können viele Gründe haben (Entwicklungssprünge, Wachstumsphasen, Veränderungen im Alltag / in eurem Familienleben oder in der Umgebung, etc.). Diese Grafik soll dir eine Orientierung über den Schlafbedarf eines Kindes in dem jeweiligen Alter geben.

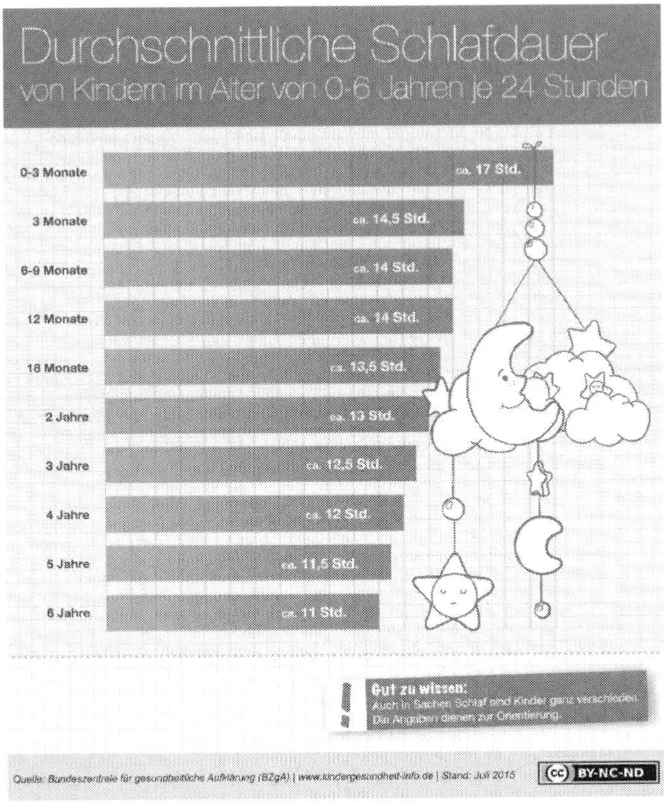

Ob dein Kind genug geschlafen hat, merkst du generell an seinem Verhalten: Kinder sind grundsätzlich fröhlich und neugierig. Alles ist spannend, neu und muss erforscht werden.

Die Kinder, die eine unruhige Nacht hatten, sind tagsüber einfach nicht sie selbst. Die Einflüsse ihrer Umgebung sind dann zu viel für sie.

Daher warnen Schlafforscher und Kinderärzte vor permanenter Übermüdung. **Kinder wissen einfach nicht, dass sie Schlaf benötigen und sie verfügen noch nicht über Methoden, sich selbst zu beruhigen.** Sie lassen einfach ihre schlechte Laune heraus, sind leicht reizbar, weinen viel und können sich schlecht auf etwas konzentrieren. Achte also darauf, dass dein Kind regelmäßige Ruhezeiten bekommt, damit es lernt, sich zu entspannen.

Lies weiter! In späteren Kapiteln erkläre ich dir, wie du euren Alltag und deine Umgebung auf die Bedürfnisse deines Kindes abstimmen kannst.

Warum schreien Babys, wenn sie wach werden?

Für dieses Schreien gibt es eine Erklärung: Säuglinge und Babys sind am Anfang ihres Lebens vollkommen hilflos und schutzlos. Sie benötigen alle paar Stunden Nahrung. Sobald das Baby wach wird und Hunger hat, macht es sich also durch Schreien bemerkbar. Aber nicht nur Hunger, auch Schutz und Wärme zählen zu den wichtigsten Grundbedürfnissen eines Babys. Jedes einzelne Bedürfnis, das das Baby hat, wird von ihm mit Geschrei angezeigt. Für das Baby ist das überlebenswichtig. Dies ist vollkommen natürlich und als Urinstinkt fest in unserem Gehirn verankert. Wir alle haben so unser Überleben in den ersten Lebensmonaten gesichert.

Später, wenn dein Kind nachts keine Nahrung mehr braucht, kann das Schreien zum einen eine Angewohnheit geworden sein oder dein Kind fühlt sich unsicher. Hier ist es dann wichtig, dass du den wahren Grund herausfindest und auf sein Bedürfnis eingehst. Weiter unten werde ich dies noch ausführlich erläutern.

Leider konnte ich meine Kinder nicht stillen und musste ihnen jedes Mal eine Flasche mit Babynahrung fertig machen. Bis diese trinkfertig war, dauerte es nun mal seine Zeit und morgens um 4.00 Uhr geht es durch das Schreien nach der Flasche auch nicht schneller. Um die sportliche Herausforderung noch zu erhöhen, beschwerte sich auch noch mein Mann oder -beim zweiten Kind- mein älterer Sohn über den Lärm. Ich weiß daher, wie sehr es den Familienfrieden stresst, wenn das Baby nachts schreit. ***In dem Abschnitt "Geschwister" beschreibe ich, wie du dein älteres Kind einbinden kannst, so dass es sich durch das neue Baby nicht gestört fühlt und schnell wieder seine Nachtruhe bekommt.***

Theoretisch kannte ich also den Grund für die Aufregung. Aber trotzdem war es für mich das Schwierigste, die Geduld zu bewahren, wenn mein Sohn schrie, sobald er wach wurde.

Solltest du dein Kind schreien lassen?

Wenn dein Kind weint oder schreit hat es also ein Bedürfnis oder ein Problem. Ein Baby schreit nicht aus Langeweile oder weil es “dich ärgern möchte”. Es braucht dich. Deine Nähe, deine Hilfe und deine Wärme.

Da dein Kind quasi hilflos und zu 100 % auf die liebevolle Zuwendung seiner Umgebung angewiesen ist, lässt es sich oft nicht vermeiden, dass es weint oder schreit. Wenn es anfängt sich auf den Bauch zu drehen, und nicht mehr zurückkommt, weint es nach dir. Wenn es anfängt zu krabbeln oder zu laufen, und an einem Punkt nicht weiterkommt, weint es. Und wenn es in eine neue, ungewohnte Situation kommt, bekommt es Angst und fängt an zu weinen. Auch wenn du keinen Grund erkennen kannst; es gibt einen.

Du kannst es also nicht vermeiden, dass dein Kind weint oder schreit. Das gehört zum Leben dazu. Was du aber vermeiden kannst ist, dass dein Kind sich in dieser Situation allein gelassen fühlt.

Viele Ratgeber und Kinderärzte empfehlen das Kind “auch mal schreien zu lassen”. Das bedeutet, dass du dein Baby alleine lassen sollst, wenn es schreit und sich nicht beruhigen lässt. Zum Glück gibt es mittlerweile genug Studien, die belegen, dass diese Methode massive Störungen in der Psyche des Kindes verursacht und ihm die falschen Signale und Glaubenssätze vermittelt. Ja, es hört irgendwann auf zu schreien, aber das ist ein Schutzverhalten.

Wenn dein Kind weint oder schreit (mit oder ohne erkennbaren Grund), dann gib ihm Nähe und Geborgenheit. Bleibe bei ihm und lasse es nicht alleine. Dein Kind soll lernen, dass diese Situation sicher ist, du gut für ihn sorgst und immer an seiner Seite bist, wenn es dich braucht. Erst wenn sich dein Baby entspannt, kannst du den Abstand zwischen euch vergrößern.

Aber bleibe mit ihm gemeinsam in der Situation (sofern nicht wirklich Gefahr droht). Trage es nicht durch die Gegend, sondern gib ihm Gelegenheit sich an die Situation zu gewöhnen.

Viele Eltern versuchen ihr Kind abzulenken, wenn es schreit, und laufen mit ihm auf dem Arm in einen anderen Raum oder lenken die Aufmerksamkeit des Kindes auf etwas anderes. Das funktioniert auch, aber dadurch kann sich das Kind in der Situation nicht entspannen. Es lernt nichts dadurch.

Bleibe mit deinem Baby stehen, schaukle sanft hin und her und warte ab, bis es sich beruhigt hat. So kann sich dein Kind entspannen und sieht, dass alles in Ordnung ist.

Das Familienbett

Warum das Familienbett so gut für dein Baby ist

Das Familienbett wird in unserer Zeit viel diskutiert. Solltest du dein Baby im Familienbett schlafen lassen? Ist das gut oder schlecht für seine Entwicklung? Warum ein Familienbett? Warum kein Familienbett? Wie lange sollte das Baby im Elternbett schlafen? Wie gewöhnt man anschließend das Baby an sein eigenes Bett? Welche Matratze eignet sich für das Familienbett?...... Es gibt unendlich viele Fragen zu diesem Thema, und ich werde auch darüber ein eigenes Buch schreiben.

Aber, warum ist das Familienbett so beliebt? - Klar, es gibt wohl keinen gemütlicheren Ort für ein Kind, als zwischen Mama und Papa zu liegen, eingehüllt in den Geruch und die Atemgeräusche der wichtigsten Menschen im Leben. Mehr Geborgenheit und Sicherheit kann ein Kind kaum erhalten.

Und diese Geborgenheit ist gerade in den ersten Lebensmonaten so wichtig für das Überleben und eine gesunde Entwicklung.

Denn in den ersten 12 Lebensmonaten entwickelt dein Baby sein Urvertrauen.

Dieses Urvertrauen, das Vertrauen darin, dass es sich sicher fühlt, *ist die Grundlage für die spätere, optimistische Zuversicht des Erwachsenen im selbstvertrauenden Umgang mit der Welt* (Def. des Stufenmodells der psychosozialen Entwicklung nach Erik H. Erikson 1902-1994). Nach Erikson und Freud bedeutet die Bildung des Urvertrauens für dein Baby quasi die Grundlage des späteren Selbstvertrauens. Im ersten Lebensjahr lernt es, welchen Situationen und Menschen es bedingungslos vertrauen kann und welchen nicht. Eine mangelhafte Ausbildung dieses Grundgefühls führt unter Umständen zu späteren Verhaltensauffälligkeiten und behindert oder erschwert die Entwicklung eines gesunden Ich-Bewusstseins. Der Mangel an Selbstvertrauen wird dann durch Vertrauensseligkeit überkompensiert.

Im 21. Jahrhundert passiert es aber sehr oft, dass diese Entwicklungsphase gestört wird. Es gibt z.B. viele Gründe, weshalb ein Baby schon vor dem ersten Geburtstag in eine Betreuung gegeben werden muss, trotz Elternzeit und Elterngeld. Und ich kenne nichts, was eine Beziehung mehr belasten kann, als ein Baby.

Daher gibt es viele Familien, in denen sich die Eltern innerhalb dieser Zeit sehr viel streiten oder gar trennen. Das Leben geht seine eigenen Wege und fragt nicht nach Statistiken und Forschungsergebnissen.

Umso wichtiger finde ich es, dem Baby mithilfe des Familienbettes eine wichtige Botschaft zu geben: We are a family!

Warum solltest du dann dein Baby aus dem Familienbett ausquartieren, wenn es doch für seine Entwicklung so vorteilhaft ist?

Warum und wann sollte dein Baby im eigenen Bett schlafen?

Am Anfang fand ich es persönlich sehr praktisch, dass mein Baby direkt neben mir geschlafen hat. Immer, wenn es wach wurde, war ich an seiner Seite ohne mich großartig bewegen zu müssen. Die Gefahr, dass es unter die Bettdecke geraten könnte oder ich auf ihn drauf rollen, war relativ gering, denn ich habe in den ersten Monaten eh nicht sehr tief geschlafen. Bei jeder Bewegung, jedem Husten oder einem nicht gehörtem Atemzug wurde ich sofort wach.

Und genau das ist für mich das stärkste Argument, weshalb für jede Familie irgendwann der Zeitpunkt kommen muss, das Baby / Kleinkind aus dem gemeinsamen Bett in sein eigenes Bettchen umzusiedeln: Du kannst dich besser entspannen und erholen.

Forschungen haben bewiesen, dass Frauen (vor allem Mütter) am tiefsten schlafen, wenn sie ganz alleine sind; ohne Kind oder Mann. Unsere Genetik ist, gerade als junge Mutter, so auf den Schutz des Nachwuchs konzentriert, dass wir nur in einen leichten Schlaf kommen, verglichen mit der Zeit vor der Geburt. Wenn dein Baby direkt neben dir liegt, und du jede seiner Bewegungen spüren kannst, kannst du einfach nicht richtig schlafen. Aber auch für dich ist ein gesunder und entspannter Schlaf wichtig.

DU bist das Zentrum im Leben deines Babys. Es orientiert sich an deinem Herzschlag, Geruch und deiner Stimme. Wenn du Stress empfindest, spürt es dein Baby auch. Oder anders ausgedrückt: Wenn du dich nachts so weit es geht erholen kannst, profitiert dein Kind auch davon. Aber wie und wann kannst du dein Baby in sein Bettchen legen, ohne dass es sich abgeschoben fühlt?

Nun, zunächst musst du dir klar machen, dass dein Kind sich längst nicht so viele Gedanken macht wie du. Es hinterfragt nichts, es urteilt nicht und es erwartet nichts, außer deine bedingungslose Liebe und Aufmerksamkeit. Wenn du dich mit der Situation wohl fühlst, wird sich auch dein Kind daran gewöhnen und wohl fühlen. Gedanken wie "abgeschoben werden" oder "nicht genügend geliebt werden" kennt dein Baby gar nicht.

Wann ist der richtige Zeitpunkt dein Baby aus dem Familienbett "auszuquartieren"?

Wenn du merkst, dass

- DU mehr Ruhe und Schlaf brauchst,
- dein Baby sich viel im Schlaf bewegt, und du ständig nachts suchen musst wo es sich hingerollt hat,
- du einfach nicht genug Platz im eigenen Bett hast,

ist der Zeitpunkt gekommen, dein Baby an sein eigenes Bett zu gewöhnen.

Das bedeutet nicht, dass du jetzt dein Bett wieder für dich alleine hast. Bis dein Kind durchschläft, wird es noch viele Nächte geben, in denen du und dein Partner euer Bett mit eurem Kind teilen werdet.

Auch danach bleibt das Familienbett ein wichtiges Zentrum, um sich sicher zu fühlen und Energien auszubalancieren: Immer, wenn sich dein Kind unsicher fühlt, Angst hat oder am Anfang einer neuen Entwicklungsstufe steht, wird es die Geborgenheit und Nähe zu dir suchen. Es gibt auch heute noch Nächte, in denen meine Kinder und ich zusammen in einem Bett schlafen.

Und dann kommt noch dazu, dass es heute unterschiedliche Lösungen dafür gibt, das Baby sanft aus dem gemeinsamen Bett zu bekommen.

Wie kannst du dein Baby an sein eigenes Bettchen gewöhnen?

Ich beschreibe im Laufe dieses Buches in mehreren Abschnitten, wie du dein Kind an sein eigenes Bettchen gewöhnen kannst. Natürlich ist es für dein Baby ungemein wichtig, sich in seinem eigenen Bett wohl zu fühlen, wenn es lernen soll, alleine einzuschlafen und durchzuschlafen.

Am Anfang ist ein Beistellbettchen sehr zu empfehlen. Es wird an das Elternbett angestellt und ist quasi eine Erweiterung des Bettes. Nach Außen sind Gitterstäbe und nach Innen (zur Matratze hin) ist es offen.

So kannst du dein Baby problemlos, mit wenigen Bewegungen, zu dir holen, wenn du es stillen möchtest oder es deine Nähe braucht.

Wenn das bei dir nicht möglich ist, kannst du das Bettchen auch vor oder neben dein Bett stellen. So hört dein Kind deine Atemgeräusche die ganze Nacht. Wenn du ihm jetzt noch ein getragenes T-Shirt von dir mit ins Bett legst, hat es die ganze Nacht die Illusion, dass es in deinen Armen liegt. Dieses Gefühl kannst du noch unterstützen, wenn du eine Stillrolle an das Kopfende seines Bettchens legst.

Aber bereits hier ist es enorm von Vorteil, wenn du dein Kind mit wachem Bewusstsein schlafen legst, so dass es mitbekommt, das du nicht neben ihm liegst. Je nachdem wie alt dein Kind ist, wenn es aus dem Elternbett auszieht, ist das mehr oder weniger einfach.

Säuglinge schlafen während des Fütterns meistens ein. Aber ein Baby mit 8 / 10 Monaten nicht mehr. Wenn dein Baby sieht, dass es in seinem Bett liegt, wundert es sich auch nicht, wenn es nach einer Schlafphase aufwacht, und sich im Gitterbettchen wieder findet.

Ansonsten findest du in diesem Buch viele Tipp und Ratschläge, wie du dein Baby / Kleinkind jeweils in den Schlaf bringst.

Schnuller

Jedes Baby hat einen angeborenen Saugreflex zur Nahrungsaufnahme. Durch das Saugen wird die Milchproduktion in der Mutterbrust angeregt und die Milch schießt ein.

Beim saugen drückt die Zunge gegen den Gaumen und erzeugt einen Unterdruck. Der Gaumen selber hat viele Berühigungs-Sensoren. Das Reiben der Zunge am Gaumen entspannt und beruhigt. Bereits im Mutterleib saugen Babys und beruhigen sich dadurch selber, schnell und effektiv.

Der Schnuller wurde gegen Ende des zweiten Weltkriegs von dem deutschen Zahnarzt, Adolf Müller, und seinem Kieferortopädiekollegen, Willhem Bartels, erfunden. Die beiden nannten ihn ursprünglich: "natürlicher und kiefergerechter Beruhigungssauger und Kieferformer".

Nun, den Kiefer verformt ein Schnuller wirklich, leider in die falsche Richtung: Die Zähne werden von Lippen, Wangen und Zunge gedrückt und nehmen dadurch ihre natürliche Form an. Kommt ein Fremdkörper, wie der Schnuller, dazu, drückt die Zunge nicht mehr gegen den Gaumen, wie von der Natur vorgesehen, sondern sitzt am Unterkiefer fest. Das Ergebnis: Unter- und Oberkiefer wachsen nicht gleichmäßig.

Trotzdem gehört der Schnuller zu einem Baby wie die Windeln. Während meiner 8jährigen Berufspraxis habe ich gelernt, dass es Kinder mit oder ohne Schnuller gibt. Jede Familie entscheidet selber, ob ihr Baby einen Schnuller benutzt oder nicht.

Es gibt Kinder, die scheinen mit ihrem Schnuller verwachsen zu sein. Sie haben ihn fast pausenlos im Mund und trennen sich nur höchst ungern von ihm. Es ist ihr Halt, ihre Sicherheit. Gerade sehr sensible Kinder achten penibel darauf ihren Schnuller stets griffbereit zu haben.

Im Alltag sehe ich überall Kleinkinder mit Schnuller im Mund:

- Im Kinderwagen,
- auf dem Spielplatz,

- sogar auf dem Laufrad

Das solltest du beachten, wenn dein Kind einen Schnuller benutzt:

1. **Der Schnuller ist ein Beruhigungssauger, also setzte ihn nur als solchen ein.**
   Verknüpfe den Schnuller mit ruhigen Aktivitäten wie schlafen oder kuscheln. Wenn du den Schnuller so früh wie möglich mit dem Bett (oder dem kuscheln) verknüpfst, nimmt ihn dein Baby als Signal war, dass jetzt eine ruhige oder Schlafens-Phase folgt.

2. **Gib deinem Baby Gelegenheit beängstigende Situationen auch ohne Schnuller zu überstehen.**
   Ich beobachte sehr häufig, dass Eltern bei dem kleinsten Anzeichen von Weinen sofort nach dem Schnuller greifen. So erlebt das Kind den Schnuller als emotionalen Halt. Nicht in jeder Situation braucht dein Kind einen Schnuller wenn es weint. Versuche es zunächst ohne und beruhige dein Baby durch deine Sprache und mit Körperkontakt. Sollte sich dein Kind nicht beruhigen, oder sich in sein Weinen hineinsteigern, kannst du immer noch zum Schnuller greifen.

Als Tagesmutter kann ich nicht in jeder Situation für jedes Kind seinen eigenen Schnuller griffbereit haben. Es gibt so viele Situationen, in denen die Kinder lernen müssen, auf den Schnuller zu verzichten. Nach meiner Erfahrung akzeptieren die Kinder das sehr schnell. Ja, in vielen Fällen empfinde ich sie ohne ihren Schnuller als viel entspannter und fröhlicher, weil sie sich frei mitteilen können.

3. **Lege den Schnuller immer an denselben Ort, damit dein Kind weiß wo er zu finden ist.**
   Sollte sich dein Kind bereits mit dem Schnuller identifiziert haben, nimm ihm nicht einfach den Schnuller weg. Du wirst dich wundern, wie kooperativ Kinder sein können, wenn sie eine Regel akzeptieren. In späteren Kapiteln gehe ich ausführlich über die Notwendigkeit von Regeln und Ritualen ein und wie fröhlich Kinder diese annehmen.
   Definiere eine feste Regel für dein Kind (bspw.: Der Schnuller ist für das Bett und zum kuscheln).

In meiner Kindertagespflege habe ich einen Schnullerbaum. Wenn ein Kind seinen Schnuller haben möchte, bekommt es ihn auch. Es weiß wo er zu finden ist. Mit dem Schnuller im Mund kann es nun kuscheln, wenn es das möchte, aber zum spielen oder essen hängen wir ihn wieder an den Baum.

Diese Regel kann ein 16 Monate altes Kind gut begreifen. Es entsteht kein Druck und das Kind hat auch nicht das Gefühl, an den Schnuller nicht heran zu kommen. Je früher du mit diesen Regeln anfängst, umso leichter ist es sie durchzuhalten. Denn das ist wichtig, um den Sinn einer Regel zu begreifen.

So kann sich dein Kind mit Schnuller gesund entwickeln

Der Schnuller verändert nicht nur das Wachstum des Kiefers deines Kindes. Er behindert es auch in seiner Sprachentwicklung, wenn er ohne Einschränkungen für das Kind verfügbar ist.

Mit ca. 14 Monaten beginnt dein Kind langsam zu sprechen. Zunächst sind es nur genau erkennbare Laute, dann werden langsam klare Worte daraus (bspw.: Mamamamama wird dann zu Mama).

Begonnen hat es mit dem Training bereits viel früher, während des schlafens. Im Tiefschlaf übt es Wörter, die ihm vom Tag besonders im Gedächtnis geblieben sind. Es trainiert damit seine Zungenbewegungen. Ein Schnuller behindert diesen Prozess.

Die Zunge kann sich nicht frei bewegen und sucht sich einen eigenen Weg die Laute zu bilden. Als Folge braucht dein Kind länger um deutlich sprechen zu können, und gewöhnt sich somit leicht Sprachfehler an, die im Vorschulalter wieder abtrainiert werden müssen.

Sollte der Schnuller nicht selbständig aus dem Mund gefallen sein, wenn dein Baby eingeschlafen ist, nimm ihn ihm aus dem Mund. Mach ihn an an einer Schnullerkette fest, damit dein Baby ihn auch alleine wieder finden kann. Falls du keine Schnullerkette benutzt, lege deinem Kind den Schnuller in die Hand. Wenn es aufwacht kann es ihn selber in den Mund stecken.

Unser Sprachzentrum befindet sich im Gehirn genau neben dem Bewegungszentrum. Sprache und Bewegung sind also unmittelbar miteinander verknüpft. Wir können uns leichter ausdrücken, wenn wir uns bewegen können. Daher solltest du darauf achten, dass dein Kind bei allen Bewegungen (Spielplatz, während des spielens generell, beim klettern, Laufrad fahren, etc.) **keinen Schnuller im Mund hat**.

Wenn du diese Details beachtest, kannst du den Schnuller so einsetzen, wie er von den Erfindern als Idee gedacht war, die Kieferverformung in Grenzen halten und die Entwicklung deines Kindes unterstützen.

Babys 0 bis 12 Monate

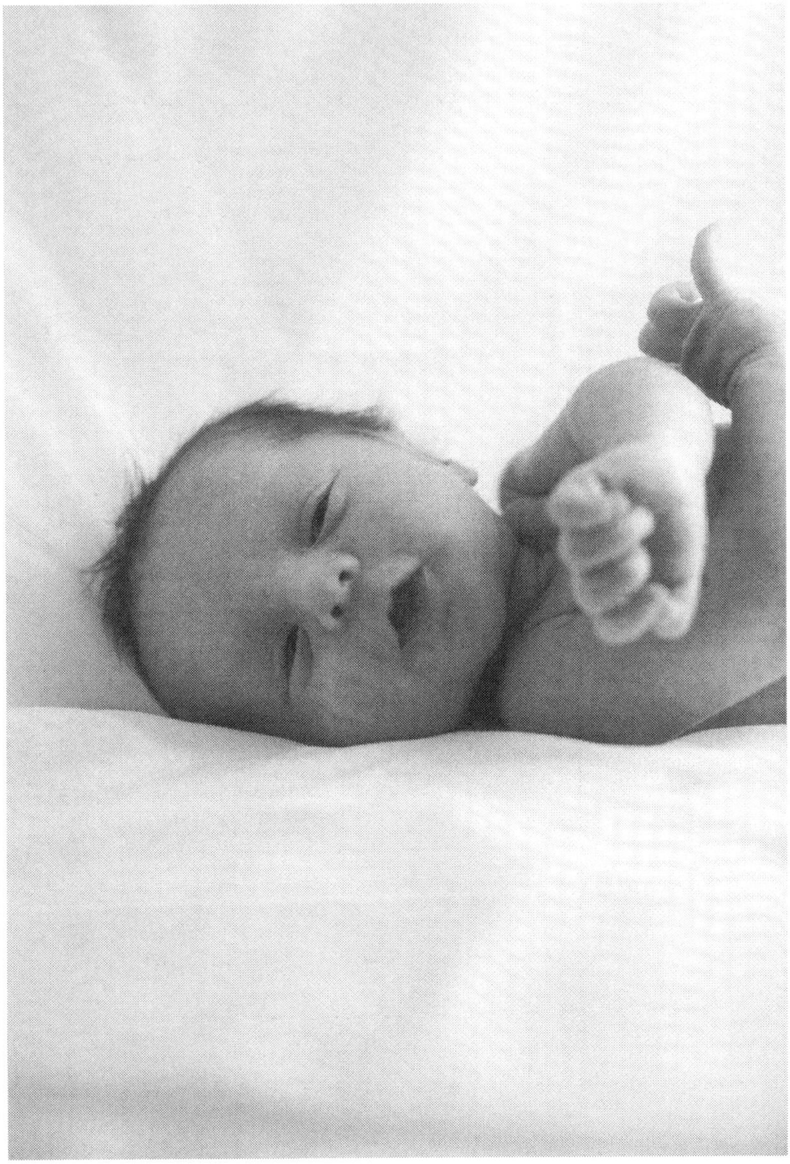

Aller Anfang ist schwer

Ein Neugeborenes hat gerade eine Geburt hinter sich. Es kam aus einer völlig anderen Umgebung: Es lebte 40 Wochen im wohlig warmen Wasser, bei gleichbleibender Temperatur und in einer gedämpften Geräuschkulisse. Dein Herzschlag war das Erste, was es hörte, und alle seine Bewegungen waren sanft. Der Fötus fühlte sich geborgen.

Und dann kam dein Baby auf diese Welt. Jetzt ist das kleine Wesen plötzlich allen Eindrücken quasi ungeschützt ausgeliefert: Lichtverhältnisse, Geräusche, Gerüche, und dann ist da auch noch dieser blöde Hunger!
Vielleicht haben Mutter und Kind Probleme beim Stillen, vielleicht kommt es aus anderen Gründen nicht wirklich zur Ruhe.
Aller Anfang ist nun mal schwer und der Lebensanfang ganz besonders!

Ganz ehrlich, in den ersten 3 Lebensmonaten deines Babys geht es nur um das reine SEIN. Es geht noch nicht darum, dem kleinen Wesen einen “Rhythmus” anzugewöhnen oder es auf “Rituale” zu sensibilisieren.

Am Anfang müsst ihr euch erst einmal richtig kennen lernen. Jedes Kind ist einzigartig. Und selbst, wenn dieses Baby nicht dein erstes ist, ist es dennoch etwas ganz Besonderes. Also lass dich auf das neue Wesen ein und lerne es erst einmal kennen.

Diese ersten 3 Monate sind sehr sensibel. Nimm dir also viel Zeit für dein Baby und die Familie. Ihr zwei müsst euch von der Geburt erholen, dein Baby muss sich in der neuen Realität erst einmal eingewöhnen. Wärme und Schutz sind für ihn im Moment das Wichtigste.

Als Tipp gebe ich den Familien in dieser Zeit immer mit, dass sie möglichst auf Ruhe achten sollten. Häufiger Besuch, viele fremde Menschen, die sich alle über das neue Baby freuen und es mal "auf den Arm nehmen möchten" sind für dein Baby der pure Stress! Konzentriere dich auf die engsten und wichtigsten Menschen in deiner Familie und im Freundeskreis. Achte darauf, dass sich die Besuche auf eine Zeitspanne verteilen und nicht alle "auf einmal um die Wiege stehen".

Achte auch auf dein eigenes Gefühl. Die Natur hat es so eingerichtet, dass nach der Geburt eines Kindes die Hormone eine große Party feiern.

An einem Tag bist du glücklich und selig über das Wunder deines Babys, am nächsten Tag ist alles ganz schrecklich und dein Leben scheint vorbei zu sein. Dieses Gefühlschaos dauert nicht ewig. Du solltest deine Gefühle aber ernst nehmen.

Wenn dir die Situation über den Kopf zu wachsen droht, solltest du die folgenden Tipps beachten:

Schnelle Hilfe

Zunächst kann dir deine Hebamme weiterhelfen. Sie ist da, um dich und dein Kind in den ersten Wochen zu beraten und dir hilfreich zur Seite zu stehen, damit ihr erst einmal eine Routine und eine Beziehung zueinander aufbauen könnt. Gerade beim ersten Kind ist die Mutter oft verunsichert und sucht nach der besten Lösung für ihre Fragen. Für mich war es sehr beruhigend, dass meine Hebamme jeden Tag vorbeikam und ich mit ihr in Ruhe über alles reden konnte. Nutze diese Zeit. Nimm diese Termine ernst. Stelle all deine Fragen und denke nicht darüber nach, ob eine Frage zu blöd sein könnte.

Diese Anfangszeit geht schnell vorbei und oft fangen die Probleme dann erst richtig an.

Viele Babys schlafen während der ersten 4 Wochen fast durchgängig. Erst nach 3 Monaten beginnt die Suche nach einem Schlafrhythmus. Jedenfalls war das bei meinen beiden Söhnen so. Nach 3 Monaten begannen beide Babys (sie zwei sind 3 Jahre auseinander) auf einmal an zu weinen. Das ist nicht ungewöhnlich. Der Grund liegt oft in der Verarbeitung der Geburt (was für das Baby immer ein Trauma darstellt, egal wie unkompliziert die Geburt war) und der Umstellung des Darms auf die orale Nahrungsaufnahme (Bauchschmerzen). Beides ist für dein Baby sehr anstrengend und es braucht jetzt deine ganze Geduld und Aufmerksamkeit.

Mir hat in dieser Zeit die Manduca (Babytrage oder Tragetuch) sehr geholfen. Während der ersten 6 Monate habe ich das Ding fast gar nicht mehr ausgezogen. Beide Kinder haben es geliebt, in die Manduca eingepackt zu sein. Zunächst hatte ich die Befürchtung, mein Kind könnte dort eventuell nicht genug Luft bekommen. Meine Hebamme erklärte mir jedoch sehr gut den Nutzen dieser Trage:

Das Baby fühlt sich geborgen. Die Enge und Wärme erinnern es an die wohlige Umgebung in der Gebärmutter. Und mein Geruch und mein Herzschlag lassen es wissen, dass alles in bester Ordnung ist.

Die Babytrage (oder auch das klassische Tragetuch) ist vielleicht die beste Erfindung für Säuglinge und Babys. Auch in meiner Berufspraxis als Tagesmutter kann und möchte ich nicht auf die Manduca verzichten. Es ist die beste und liebevollste Methode, um ein Kind zu beruhigen, damit es sich ausruhen kann.

Ein Säugling braucht insbesondere am Anfang viel Liebe und Nähe, um eine Bindung aufzubauen

Im ersten Lebensjahr wird der Grundstein für unser späteres soziales Verhalten gelegt. Grundvertrauen und Bindungsfähigkeit werden in dieser Zeit geprägt. Versuche nicht, dein Kind zu erziehen, das frustriert nur. Füge dich in die Situation und genieße sie. Wenn dein Baby schreit, braucht es dich, deine Nähe, deinen Geruch, deinen Herzschlag. Und du brauchst diese Zeit auch. Eine Geburt ist kein Spaziergang. Gerade in den ersten Monaten benötigt dein Körper Zeit, um sich zu erholen.

Lass dich darauf ein und lerne dein Kind erst einmal kennen. Es hat bereits jetzt einen eigenen Charakter. Man kann ein Kind in dieser Phase nicht zu sehr lieben. Jetzt geht es darum, dem Baby die Sicherheit zu geben, die es braucht. Später, wenn dein Kind ca 12 Monate ist und du sanft darauf hinarbeiten kannst einen Schlaf-Rhythmus einzuführen, wirst du von diesem Vertrauensaufbau profitieren.

Sicherlich ist das nicht immer einfach. Man hatte schließlich ein Leben vor dem Baby und möchte auch nach der Geburt noch das Gefühl des Menschseins besitzen können. Wenn ich mich mal zum Kaffeetrinken verabredet hatte, bekam mein erster Sohn stets einen Schreianfall. Viele Freundschaften blieben leider auf der Strecke, weil es für Kinderlose manchmal nicht nachzuvollziehen ist, dass das Leben (momentan) von jemand anderem bestimmt wird. Aber diese Zeit wird vorbeigehen und es gibt zwei Dinge, die dir helfen werden:

Was kann ich tun?

Du bist nicht allein.

1. **Hole dir Hilfe, wenn du eine Auszeit brauchst.**
   Du hast um dich herum viele Menschen, die dir helfen möchten. Nimm diese Hilfe an. Übertrage deinem Lebenspartner Aufgaben und verschaffe dir somit feste und planbare Auszeiten. Frage Familienangehörige oder Freunde, ob sie dir dein Baby für kurze Zeit abnehmen können. So hast du z. B. Zeit, um in Ruhe zu duschen oder mit deinem Partner ein ruhiges Gespräch zu führen.

2. **Frage auch nach Babysitter Zeiten,**
   um mit deinem Partner etwas Schönes zu unternehmen. Wenn du niemanden in deiner Umgebung kennst, dem du dein Baby in dieser sensiblen Zeit anvertrauen möchtest, suche nach einem qualifizierten Babysitter. Es muss nicht das Mädchen aus der Nachbarschaft sein, die sich ihr Taschengeld aufbessern möchte. Es gibt viele erfahrene Babysitter, die dir auch im Alltag unter die Arme greifen können.

Wenn du meinst, dir diesen Service nicht leisten zu können, suche nach gemeinnützigen Organisationen. Viele Gemeinden bieten für Familien Hilfe an, die sich aus Spenden finanziert. Dort arbeiten Menschen, die Familien unterstützen möchten, ehrenamtlich. Auch wenn es nur 1 – 2 Stunden sind, ist diese Zeit für dich wichtig und wertvoll.

Du musst kein schlechtes Gewissen haben, dein Baby zeitweise anderen Vertrauenspersonen zu übertragen. Diese Zeiten helfen dir, wieder ein Gefühl für dich selbst zu finden. Wenn du dich zwischendurch entspannen kannst, hast du auch mehr Energie, um schwierige Zeiten zu überstehen. Du bist innerlich ein Stückchen gelassener und ausgeglichener. Diese Ausgeglichenheit überträgt sich auch auf dein Kind. Es orientiert sich an deinem Herzschlag und deinem Körpergeruch. Das sind die einzigen Kriterien, aufgrund derer es seine Umgebung einschätzen kann.

Verändere den Blickwinkel

Aus vielen Gesprächen mit Müttern weiß ich, dass Erwachsene oft vergessen, die Welt mit den Augen des Kindes zu sehen.

Wir sind viel zu sehr mit anderen Dingen beschäftigt: Anmeldung, Verwandte, Freunde, Kollegen, die Arbeit, der Haushalt, die Gefahren, denen unser Baby jeden Tag ausgesetzt ist, usw. Die Liste ist lang und verwirrend.

Stell dir mal vor, du würdest in ein dir völlig fremdes Universum hineinfallen; wie würdest du dich fühlen? Wie würde es dir gehen, wenn du mit unbekannten Naturgesetzen (wie z. B. der Schwerkraft) umgehen müsstest? Wenn du dich verständlich machen müsstest, dich aber nicht ausdrücken könntest? Versuche mal folgendes:

Lege dich neben dein Baby und beobachte es mit allen Sinnen. Höre auf seine Atmung und vergleiche diese mit deiner Atmung. Rieche seinen Geruch (der schönste der Welt) und spüre, wie dein Herz sich öffnet. Höre in dich hinein und du bekommst ein Gefühl dafür, wie dein Kind sich fühlt.

Viele Dinge verwirren dein Baby am Anfang. Hab Geduld und zeige ihm deine Nähe. Besuche Workshops zur Babymassage oder andere Babykurse. Dort bekommst du Anregungen, wie du mit deinem Kind kommunizieren kannst und du kannst dich mit anderen Müttern austauschen. Du bist nicht allein.

Ein geregelter Tagesablauf gibt Sicherheit und Ruhe

Kinder verausgaben sich jeden Tag. Bei ihrer Aufgabe, groß zu werden, geben sie alles. In den ersten drei Lebensjahren lernen Kinder jeden Tag so viel wie ein Vollzeitstudent in einer Woche. Sehen, greifen, den Kopf bewegen, essen, auf die Beine kommen ... Das Lernpensum eines Babys und Kleinkindes ist enorm. Umso wichtiger ist es, dass wir dem Kind seinen Freiraum und seine Zeit lassen.

Versuche dein Kind nicht zu überfordern. Wenn es unruhig ist, gib ihm Ruhe. In den ersten 3 Jahren ist ein Kind pure Lebensfreude. Es lacht bis zu 400-mal pro Tag, findet alles spannend und sucht nach neuen Entdeckungen. Wenn dein Kind viel weint, unsicher wirkt und ständig den Körperkontakt mit dir sucht, fühlt es sich unsicher und überfordert.

Wirklich: Babys und Kleinkinder LIEBEN ALLTAG. Wenn sie wissen, was als nächstes passiert, können sie sich im Tagesablauf orientieren. Sie gewinnen schnell einen Überblick und freuen sich auf den nächsten Abschnitt. Das gibt ihnen Sicherheit. Mit diesem Gefühl können sie sich auch auf Aktivitäten konzentrieren. Dein Kind muss sich nicht fragen: "Wo ist Mama?", es hört, wo du dich befindest, was du machst.

Schaffe einen möglichst gleichbleibenden Tagesablauf, in dem sich das Kind schnell zurechtfinden kann. Überprüfe deinen Alltag und organisiere ihn nach den Bedürfnissen deines Kindes:

- Babys werden bereits 2 bis 3 Stunden nach dem Aufwachen wieder müde und brauchen eine Pause. Plane für den Vormittag also ruhige Aktivitäten, wie zum Beispiel Hausarbeiten.

- Jeden Tag gibt es zur gleichen Zeit Mittag- und Abendessen. Im Moment kann dein Kind noch nicht mit am Tisch sitzen, aber sobald es das kann, empfehle ich dir, so viele Mahlzeiten wie möglich gemeinsam einzunehmen. Dazu ist es wichtig, dass sich die Zeiten an dem Biorhythmus des Kindes orientieren (z. B. sollte das Abendessen immer um 18.00 Uhr stattfinden, weil dein Baby später oft zu müde ist. Dann kann es nicht mehr ruhig sitzen oder essen).
- Einen regelmäßigen Spaziergang oder Besuch auf dem Spielplatz kannst du fest in euren Tagesablauf einplanen. Sobald dein Kind krabbeln kann, solltest du so oft wie möglich auf dem Spielplatz sein. Das Krabbeln im Sand ist richtig anstrengend und wirkt wie ein Fitness-Training auf die Muskulatur deines Kindes. Es atmet tiefer und die frische Luft befeuchtet seine Atemwege (sehr wichtig bei Erkältungen). Wenn es sich dann so richtig verausgabt hat, wird es mit Freude essen und schlafen.

- Auch die Schlafenszeiten sollten feststehen. Je nach Alter und Entwicklungsstand braucht dein Kind vormittags und nachmittags eine Pause. Ab 12 Monate wirst du beobachten können, dass der Vormittagsschlaf sich immer mehr auf die Mittagszeit verschiebt. Mehr dazu findest du in dem Abschnitt *Kleinkinder 12 bis 24 Monate*.
- Gestalte euren Tag mit den immer gleichen Abläufen. Beispiel: Nach dem Frühstück werden Zähne geputzt, die Windel gewechselt und anschließend beschäftigt sich jeder mit sich selber.
- Während dieser Wachphase kann sich dein Kind gut im Laufstall oder Stubenwagen allein beschäftigen.

Ein Laufstall hilft dem Baby und der Mama

Damit dein Baby durchschläft, muss es zunächst alleine in seinem Bettchen liegen und sich selber beschäftigen, sofern es kein Bedürfnis wie Hunger oder Schutz hat. Dazu muss es normal sein, alleine zu liegen.

Ein Säugling kann sich noch nicht viel beschäftigen, aber er kann lernen alleine zu liegen und auf die Geräusche in seiner Umgebung zu achten.

Ab 4 Monaten beginnt dein Kind sich langsam zu bewegen. Es möchte Gegenstände ergreifen, die es erkennt. Es beginnt sich zu drehen und seinen Kopf willentlich zu bewegen. Auf deinem Arm geht das nicht wirklich. Es kann sich auch nicht richtig auf etwas konzentrieren, weil du dich zu schnell bewegst.

Richte deinem Kind einen eigenen Bereich ein, in dem es sich frei bewegen kann und seine Ruhe hat. Ein Laufstall ist hierfür am Anfang ideal. Du kannst ihn dort positionieren, wo dein Kind dich sehen kann (sich also sicher fühlt) und du kannst einer Tätigkeit nachgehen. Lass den Fernseher unbedingt ausgeschaltet. Auch wenn dein Kind nicht in das Rechteck hineinschaut, bekommt es die schnell wechselnden Bilder mit. Das stört beim Lernen.

Lege dein Baby in seinen Laufstall, damit es sich dort selbst beschäftigen kann. Gerade wenn es nicht gewohnt ist, irgendwo allein zu liegen, wird es schreien, sobald du dich vom Laufstall entfernst. Da ist deine Geduld gefragt. Wenn es schreit, streichle es und rede leise und beruhigend auf ihn ein. NIMM ES (NACH MÖGLICHKEIT) NICHT AUF DEN ARM. Dein Baby soll lernen, dass es okay ist, wenn es allein im Laufstall liegt. Streichle seinen Bauch oder halte seine Hand, um es zu beruhigen. Es hilft auch, wenn du seine Aufmerksamkeit auf ein Spielzeug oder eine Spieluhr lenkst, damit es versteht, was jetzt passiert. So kann dein Baby sich beruhigen und entspannt seine Umgebung scannen. Es entdeckt, was es mit den Händen oder Füßen machen kann, trainiert Bewegungen und versucht Gegenstände zu erreichen.

Mit der Zeit kannst du dich mehr und mehr vom Laufstall entfernen. Anfangs setzt du dich neben den Laufstall. Wenn das für dein Baby in Ordnung ist, kannst du dich langsam weiter und weiter entfernen. Setze dich auf einen Stuhl oder Sessel. Lies (ein Buch oder eine Zeitung) und beschäftige dich alleine. Die Tätigkeit sollte aber nicht deine ganze Konzentration fordern; mit einem Ohr bist du bei deinem Baby.

Sobald du beobachtest, dass es sich alleine beschäftigt, kannst du dich weiter und weiter entfernen. Nach kurzer Zeit wird es genügen, wenn du nur noch von Weitem rufst: „Mama ist hier!“, oder ihm aus der Entfernung fröhlich zuwinkst.

Die Zeit im Laufstall dient nicht nur dazu, dass du deine Ruhe hast. Sie ist für dein Baby eine wichtige Zeit, um zu lernen, sich mit sich selbst zu beschäftigen, sich zu konzentrieren und zur Ruhe zu kommen. Du musst auch keine Angst haben, dass sich dein Baby vernachlässigt oder verlassen fühlt. Sobald es dich braucht wird es nach dir rufen. Nur, dieses Rufen wird mit der Zeit immer seltener. Dein Baby entspannt sich mehr und mehr und genießt die Zeit für sich selber, weil es das innere Vertrauen hat, dass du da bist.

Kleines Nickerchen am Vormittag?

.... ist ganz normal und wichtig. Also plane diese Zeit in euren Tagesablauf ein.

Ein Baby schläft am Vormittag und Nachmittag jeweils 60 bis 120 Minuten (zusätzlich zu dem normalen Mittagsschlaf). Es braucht diese Zeit um die Eindrücke der Zeit davor zu verarbeiten und das neu gelernte zu verinnerlichen. Für dein Ziel, nachts wieder mehr Schlaf zu bekommen, sind diese Zeiten sehr wichtig; denn hier kannst du deinem Kind das erste Mal einen Rhythmus anlernen:

Du solltest eine gewisse Dauer für diesen Schlaf festlegen.

Beispiel: *Als meine Söhne jeweils Babys waren, wurden sie immer zwischen 5 und 6 Uhr wach und dachten überhaupt nicht daran, noch einmal einzuschlafen. Ihr Vormittags-Nickerchen fiel also immer auf 8 / 9 Uhr; genau die Zeit, wenn Mutter gerade wach werden wollte. Bei meinem ersten Sohn hatte ich also Ruhe und Zeit, um meine Yogamatte auszurollen. Für mein Baby war es normal wieder in seinem Bett zu liegen und zu schlafen. Wenn er wieder wach wurde, bevor ich meine Yoga-Sitzung beendet hatte, war die Zeit noch nicht um.*

Versuche, dein Kind in seinem Bett wieder hinzulegen. Wenn das nicht geht, nimm es auf den Arm UND BLEIBE AM BETT STEHEN! Es ist noch Schlafenszeit und dein Kind soll sich an eine gewisse Dauer gewöhnen.

- Du kannst es dir in einem Sessel gemütlich machen oder eine Matratze neben sein Bettchen legen, damit ihr euch beide hinlegen könnt.
- Du kannst auch auf deinem Yoga-Kissen sitzen, dein Baby auf den Schoß legen und einfach ruhig sitzen (eine tolle Geduldsübung).
- Du kannst neben dem Bett stehen bleiben und dein Baby auf dem Arm hin und her schaukeln.

Du solltest aber nicht von dem Bett weg gehen bis die Zeit vorbei ist. Dein Kind kann wieder einschlafen oder nicht. Das ist egal. Wichtig ist, dass ihr bei oder in dem Bett bleibt bis die Zeit um ist. Mit der Zeit wird sich dein Kind an diesen Rhythmus gewöhnen und diese Dauer auch ausnutzen.

Kinder sind so hoch motiviert. Sie sind echte Streber und wollen alles richtig machen. Du wirst sehr schnell feststellen, dass dein Baby diesen Rhythmus annimmt, sobald es ihn verstanden hat. Es gewöhnt sich an diesen Zeitrhythmus und vertraut dir, dass ihr wieder aufsteht, wenn die Zeit um ist.

Wichtig: Wenn dein Baby schreit, kannst du es gerne auf den Arm nehmen. Wenn du merkst, dass es wieder einschlafen möchte, versuche es wieder auf die Matratze zu legen. Es soll merken, dass es eine Wohltat ist, sich zu entspannen. Du bleibst da und hältst seine Hand oder streichelst seinen Bauch / Rücken. Zeig deinem Baby, dass du da bist. Dieses Vertrauen braucht ihr beide. Möchte dein Kind in deinen Armen einschlafen, dann lass es zu. Lege es aber in sein Bett zurück, wenn es eingeschlafen ist. Sollte es dabei wach werden, halte seine Hand, streichle es oder singe ein Einschlaflied (oder mach alles auf einmal), damit es sich beruhigt. Spätestens nach 1 Woche legt sich dein Kind gerne wieder zurück ins Bett, weil das viel gemütlicher ist als auf deinem Arm. Und es muss keine Angst haben, dass du wieder weg gehst. Du bist da, immer.

Wichtig: Bleibe konsequent! Es gibt keine Alternative zum Schlaf. Ihr steht erst auf, wenn die Zeit um ist. Dein Kind braucht einen Rahmen, an dem es sich orientieren kann. Wenn du diese Zeit liebevoll gestaltest (ohne Strenge oder Druck), wird dein Baby auch gerne schlafen.

Solltest du dein Baby aufwecken, wenn die Zeit um ist?

Wenn du dein Baby an einen Rhythmus gewöhnen möchtest, ist es nicht gut, wenn du es aufweckst. Es ist wieder eingeschlafen (oder schläft länger als gedacht) und tut das, was es soll. Es braucht seine Ruhe und genießt sie gerade. Also, wenn es irgendwie geht: Lass es schlafen.

Du kannst nachfolgende Termine verschieben oder absagen. Selbst wenn dadurch euer ganzer Tagesablauf durcheinander gerät, ist das keine Katastrophe. Dein Baby erholt sich gerade und macht sich fit für den Tag. Es wird trotzdem zu dem nächsten Schlaf-Zeitpunkt schlafen, selbst wenn sich dieser etwas nach hinten verschiebt.

So lernt dein Baby einzuschlafen

Viele Babys lieben es im Kinderwagen einzuschlafen, während du gerade das große Geschwisterchen von der Kita abholst oder Einkäufe erledigst. Ein Nickerchen im Freien ist super für Nerven und Atmung. Aber es sollte tagsüber nicht die einzige Schlafstätte sein. Gerade wenn du dein Baby nach ca. 12 Monaten in eine Betreuung geben möchtest, sollte es problemlos in einem Bett schlafen können.

Du kennst dein Baby am besten und weißt wann es müde wird; dann lege es schlafen. Entweder legst du eine kuschelige Decke in seinen Laufstall, wenn dein Baby gerade eine „kreative Pause macht", oder du legst es in sein Bettchen.

Wichtig: Als Tagesmutter kann ich dir sagen: Der einzige Weg, dass dein Baby in seinem Bett alleine liegen bleibt und einschläft ist, dass es das gerne tut! Du kannst dein Kind zu nichts zwingen. Babys und Kleinkinder lernen durch Freude.

Möchte dein Kind nicht alleine einschlafen, kuschle ruhig mit ihm. Es muss lernen, zur Ruhe zu kommen, liegenzubleiben. Einschlafen wird es dann von allein. Überlege, wie es sich in seinem Bett noch wohler fühlen kann?

- Welcher Schlaftyp ist dein Baby? Mag es gerne Dunkelheit und Höhlen / Decken? Oder ist es nervös, braucht viel Zeit und Platz um einzuschlafen? Lese dir noch einmal den Abschnitt *Die richtige Schlafumgebung bringt viel Ruhe rein* durch. Dort findest du Tipps, wie du die Schlafstätte anders gestalten kannst, und so dein Baby leichter in den Schlaf kommt.

- Möchte dein Baby generell nicht in seinem Bettchen schlafen? Die Gitterbettchen sind zwar sicher, aber höchst unpraktisch wenn sich dein Baby von dir lösen soll. Wie soll es denn lernen, dass sein Bett gemütlich ist? Bis jetzt ist es nur auf oder in deinem Arm eingeschlafen.
  In meiner Kindertagespflege habe ich Krippenbetten. Die haben kein Gitter und sind sehr niedrig. So kann ich meinen Kopf neben das Kind legen, während es auf der Matratze liegt. Wir können kuscheln und ich kann allmählich den Abstand zwischen uns vergrößern. Frage dich, wie sich dein Baby in seinem Bett wohler fühlt.

- Braucht dein Baby vielleicht ein bestimmtes Ritual um einzuschlafen? Wenn es einen Schnuller benutzt, verknüpfe diesen mit Schlafen oder Kuscheln. So hat dein Baby einen Anreiz ins Bett zu gehen. Vielleicht braucht es aber auch eine Milchflasche um einzuschlafen? Dann gib sie ihm. Oder dein Baby braucht eine bestimmte Anordnung von Handlungen, ehe es zur Ruhe kommen kann. Gib ihm Zeit und Raum, damit es sich in seinem Bett einrichtet. Du kannst es auch beobachten um ein Muster zu erkennen. Wenn du dieses Muster kennst, fällt es dir leichter dein Baby in den Schlaf zu helfen.

Beispiel: *In meiner Kindertagespflege ziehe ich jedem Kind einen Schlafanzug an, wenn wir nach dem Mittagessen schlafen gehen. Schnullerkinder kriegen ihren Schnuller wenn sie ausgezogen sind. Und ich habe eine Reihenfolge: Braucht ein Kind länger, um zur Ruhe zu kommen, wird dieses Kind zuerst ausgezogen. So ist es schon einmal in seinem Bett und hat genug Zeit. Es kann wühlen, strampeln oder sich noch mit den anderen Kindern "unterhalten" bis ich es dunkel mache.*

Es gibt auch Kinder, die nicht gerne in ihrem Bett bleiben. Diese werden zuletzt ausgezogen. So können sie noch ein wenig herumlaufen, und wenn ich sie in ihr Bett lege, kann ich ihnen meine Aufmerksamkeit schenken, bis sie ruhiger werden. Wenn alle in ihren Betten liegen, mache ich das Licht aus und spreche einen magischen Zauberspruch. Vor dem Einschlafen singe ich EIN Schlaflied. Danach ist Ruhe. Diesen Ablauf kennen alle Kinder. Und seltsamer Weise besteht jedes Kind auf diesen festen Ablauf. Wenn ich mich einmal nicht richtig konzentriere und das falsche Kind ausziehe, beschweren sich die anderen und es gibt Streit.

Nachdem dein Baby die Vorteile eines Bettes erkannt hat und sich sicher fühlt, lässt du die Berührungen immer weiter werden. Zuerst legst du noch den Arm oder die Hand auf den Bauch oder Rücken (je nach Vorliebe) deines Babys. Dann hältst du nur noch seine Hand und nach ein paar Tagen sitzt du nur noch neben seinem Bettchen und wartest, bis es eingeschlafen ist.

Wie lange sollte ein Baby schlafen?

Den statistischen Schlafbedarf habe ich dir weiter oben in einer Grafik aufgezeigt. Wie du dort siehst, nimmt der Schlafbedarf mit der Zeit ab.

Die Dauer variiert, je nach Tageszeit und Stresslevel. Mal macht dein Kind ein kurzes Nickerchen von 30 Minuten, mal einen langen und erholsamen Schlaf. Einmal am Tag sollte dein Baby aber 1 bis 2 Stunden am Stück schlafen.

Babys unter 12 Monaten schlafen in der Regel 3-4 mal am Tag (in den vorherigen Kapiteln bin ich bereits darauf eingegangen). Der Schlafrhythmus wird aber immer wieder durch neue Entwicklungsschritte, Wachstumsphasen oder äußere Einflüsse (Veränderungen in der Umgebung, in der Betreuung oder im Familienleben) durcheinander gebracht.

Damit sich dein Baby auch innerhalb dieser Turbulenzen schnell wieder in einen geregelten Rhythmus einfindet, können Rituale sehr hilfreich sein.

Rituale helfen deinem Baby, sich über den Tag zu orientieren

Babys und Kleinkinder orientieren sich mithilfe von Ritualen am Tagesablauf. Das gibt ihnen Sicherheit. Das Erste, was ich als Tagesmutter lernen musste, war: Kinder lieben gleichbleibende Abläufe.

Wenn du möchtest, dass dein Kind entspannter wird und gleichmäßiger schläft, brauchst du Rituale: Ein bestimmtes Lied zum ins Bettchen gehen, ein Lied zum Zähneputzen, nach dem Essen gehen wir ins Bett, nach dem Schlafen ziehen wir uns an usw.
Sei kreativ. Erfinde Rituale, die in deinen Tag und zu dir passen. Denn du musst sie jeden Tag einhalten. Wenn sie dir keinen Spaß machen, wird das echt langweilig. Du musst nicht „Alle meine Entchen" singen, wenn du dir dabei albern vorkommst. Du musst noch nicht einmal singen, wenn du das nicht möchtest. Aber du solltest dir irgendeine Handlung mit Wiedererkennungswert angewöhnen. Das macht dem Kind Spaß. Es weiß, was als Nächstes kommt und wird entspannter.

Wichtig: Bleibe konsequent! Ein Ritual wirkt nur, wenn du es jeden Tag durchführst. Ein Kind akzeptiert ein Ritual mit Freuden, wenn es keine Alternative gibt. Je älter dein Kind wird, umso mehr wird es versuchen die Rituale und Regeln für sich zu verändern. Nur wenn du es mit liebevoller Konsequenz daran erinnerst, was als nächstes passiert, gibt es keine endlosen Diskussionen.

***Beispiel**: Mit ca. 30 Monaten wird dein Kind versuchen den Mittagsschlaf ausfallen zu lassen. Obwohl ihr immer nach dem Mittagessen schlafen geht, wird es immer öfter dagegen protestieren und sich alles Mögliche einfallen lassen, warum es nicht schlafen muss. Wenn du ihm immer zur Antwort gibst: "Nach dem Essen gehen wir schlafen", wird es sich auch darin fügen und bereitwillig ins Bett gehen.*

Wenn du merkst, dass der Tagesablauf, so wie ihr ihn derzeit durchführt, nicht mehr zu euch passt, ändert ihn. Erfindet neue Rituale, die euch Spaß machen.

Jeder kann seine eigenen Rituale erfinden. Der Vater hat vielleicht keine Lust ein Schlaflied zu singen, also denkt er sich etwas anderes aus. Die Oma hat ein Einschlafritual, mit dem sie dich selbst auch immer schlafen gelegt hat; also ist das in Ordnung.

Kinder können sehr gut zwischen den Menschen unterscheiden. Weil dein Baby die Handlungen mit der Person verknüpft. Es weiß genau: Mama kennt das Schlaflied, Sabine kennt ein anderes Schlaflied. Bei Sabine singen wir, wenn wir ins Schlafzimmer gehen, Mama räumt erst mit mir zusammen die Küche auf, bevor wir schlafen gehen. Diese Unterscheidungen sind einfach für dein Kind, weil es kein Urteil fällt. Es denkt nicht: Das ist richtig, das ist falsch. Es nimmt die Situation so, wie sie immer ist. Das ist automatisch richtig.

Ich höre sogar öfters von den Müttern, deren Kinder ich betreue, dass sie ein bestimmtes Lied nicht singen dürfen, weil es zu mir gehört. Mama soll sich etwas anderes ausdenken.

Über solche Rituale kommst du sehr schnell in einen geregelten Tagesablauf. Wenn ein Kind nicht raten muss, was als Nächstes passiert, ist es grundsätzlich auch entspannter. Das bedeutet, dass es auch nachts entspannter ist, wenn es aufwacht. Es weiß, wo es sich befindet und wo Mama und Papa sind. Diesen Zustand brauchst du, damit es möglichst bald durchschläft.

Probiere verschiedene Rituale aus:

- Lege die Schlafenszeiten auf feste Zeitpunkte am Tag. Ausgehend von dem Alter deines Kindes und seinem Entwicklungsstand legst du dein Baby immer zu der gleichen Zeit schlafen. Das kannst du mit bestimmten Handlungen verbinden (Schlafanzug anziehen, ein bestimmtes Lied singen oder bestimmte Handlungen vollziehen). Wenn du merkst, dass diese Rituale Stress erzeugen, verändere die Uhrzeit. Vielleicht ist der Zeitpunkt schlecht gewählt. Dein Kind ist vielleicht bereits sehr müde oder viel zu aufgedreht. Wenn du die Schlafenszeit um 30 oder 60 Minuten vor oder zurück legst, kann das schon viel Entspannung bringen. Beobachte dein Kind und finde den richtigen Zeitpunkt. Oder du kannst das Ritual vereinfachen. Vielleicht ist es für dein Baby zu anstrengend, wenn du ihm immer “Die Glocke” von Schiller rezitierst. Ein kurzer Reim, verbunden mit einem kleinen Spiel mit der Bettdecke sind viel leichter zu verstehen.

- Wenn dein Kind einen Schnuller benutzt, verknüpfe diesen mit “Schlafen” und “Kuscheln”.
  Der Schnuller ist ein BERUHIGUNGSSAUGER. Das bedeutet, dass er vornehmlich in Situationen eingesetzt wird, in denen sich dein Baby beruhigen soll. Wenn dein Baby mit dem Schnuller im Mund spielt, wird es in seiner Entwicklung gehemmt, weil die Zunge immer den Bewegungen der Hand oder Füße folgt. Das kannst du gut beobachten.
  Dieses (neue) Ritual kannst du gut einführen, wenn du den Schnuller an eine bestimmte Stelle legst oder hängst und dein Baby auch nur zu diesen Zwecken den Schnuller bekommt.
  Auch die Milchflasche kann zum Einschlafen benutzt werden. Der Bewegungsablauf ist der gleiche wie beim Schnuller: Durch den Saugreflex beruhigt sich das Kind und schläft ein. Aber: Wenn es anfängt mit der Flasche zu spielen, nimm sie ihm weg.

- Gebe deinem Baby genug Zeit zum *Runterkommen*:
Je nachdem welcher Schlaftyp dein Baby ist, braucht es mehr oder weniger Zeit um sich zu beruhigen und einzuschlafen. Aber dazu braucht es Platz. Auf deinem Arm kann es sich nicht bewegen.
Macht es euch im Bett gemütlich und schaut euch zusammen ein Bilderbuch an oder macht eine Einschlaflampe an, um zur Ruhe zu kommen. Du kannst auch ein Schlaflied singen. Ihr könnt fast alles tun, außer spielen. Regel: IM BETT WIRD GESCHLAFEN. SPIELEN KÖNNEN WIR SPÄTER.

Danach gibst du deinem Baby einen Kuss und wünscht ihm einen schönen Schlaf.

Nach dem gewohnten Ablauf setzt du dich neben das Bettchen und wartest, bis dein Baby zur Ruhe gekommen ist (oder einschläft). Entferne dich in dieser Zeit langsam immer weiter von dem Bett. Wenn dein Baby Angst kriegt, wird es das durch Weinen anzeigen. Dann gehe wieder zu ihm und beruhige es.

LASS DEIN KIND NACH MÖGLICHKEIT LIEGEN! Versuche es durch Streicheleinheiten und mit Worten zu beruhigen. Wenn du merkst, dass es ruhiger wird, entferne dich wieder langsam. Wiederhole diesen Ablauf, bis dein Kind genug Vertrauen hat und einschläft. Hab Geduld. Mit der Zeit wird dir das immer besser gelingen. Nach ein paar Tagen merkst du, wie es immer leichter wird, dein Kind schlafen zu legen. Das Gleiche gilt für den Nachtschlaf.

Wenn sich dein Baby daran gewöhnt hat, alleine einzuschlafen, ist das nicht nur für dich leichter. Dein Kind lernt so, auch nachts allein einzuschlafen, wenn es erkennt, dass alles OK ist. Aber, OK ist Ansichtssache.

Wenn dein Kind nachts aufwacht, hat es nicht immer Hunger

Genauso wie du bestimmte Dinge und Abläufe brauchst, um einzuschlafen (das richtige Kissen, die richtige Seite des Bettes, ein Buch lesen, etc.), hat dein Kind auch seine Gewohnheiten. Einige davon hast du ihm angewöhnt, andere hat es für sich selbst entdeckt.

Dazu zählt der Schnuller, die Stoffwindel oder das Kuscheltier. Viele Kinder haben von diesen Dingen mehr als 1 Teil in ihrem Bett. Wir Erwachsenen machen es uns damit leichter (denken wir). Nervöse Kinder haben oft 3 Schnuller in ihrem Bett, damit der Erwachsene nachts nicht so lange suchen muss. Die Kuscheltiere haben meist eine "besondere Bedeutung". Und die Stoffwindel braucht häufig einen bestimmten Geruch, damit sie beruhigend wirkt.

Wacht dein Kind nachts auf, versuche zunächst herauszufinden, was ihm fehlt. Nicht immer hat es Hunger. Manchmal sucht es den Schnuller oder das Kuscheltier. Manchmal hat es schlecht geträumt oder sich über ein Geräusch erschrocken. Oder es ist einfach nur wach geworden und unsicher, wo du bist. Es gibt viele Gründe, warum ein Baby in diesem Alter nachts aufwacht und schreit. Wenn du ihm bei jedem Aufwachen eine Flasche oder die Brust gibst, verknüpft es diese Routine mit dem Einschlafen. Befriedige zunächst sein Bedürfnis und bringe es dann wieder zum Schlafen.

Wenn dein Baby ständig etwas sucht

Viele Babys sind die halbe Nacht damit beschäftigt, etwas zu suchen oder zu verlangen:

- den Schnuller
- die Milch- oder Wasserflasche
- das Schnuffeltuch
- das Kuscheltier

Grundsätzlich bist DU dafür verantwortlich, für diese Dinge auch nachts zu sorgen. Wenn etwas nicht sofort greifbar ist, gibt es Geschrei! Dein Kind hat ein Bedürfnis und kann dieses am besten durch Schreien ausdrücken. Das hat die Natur ihm mitgegeben. Es geht davon aus, dass dieses Bedürfnis überlebenswichtig ist! Alles in dieser Zeit ist überlebenswichtig! Daher machen es die Babys auch so dringend.

Nach meiner Erfahrung werden die Kinder viel ruhiger, wenn sie ihre Sachen alleine wiederfinden können. Dein Kind sucht im Halbschlaf seinen Schnuller? Mach ihn an einer weichen Schnullerkette fest. Dann kann dein Kind ihn selber finden. Und ein Stofftier liegt immer da, wo dein Kind es losgelassen hat. Noch bevor es richtig wach wird, hat es schon danach gegriffen und kann weiterschlafen.

Und gerade Babys sind sehr auf Gerüche fixiert. Anstatt der Stoffwindel kannst du ihm ein T-Shirt von dir mit ins Bett legen. Dein Geruch wirkt sehr beruhigend auf dein Baby.

Wenn dein Kind nachts schreit, weil es etwas vermisst, setz dich neben sein Bettchen und gib ihm Nähe und Ruhe. Rede leise und beruhigend zu ihm. Hilf ihm, die Dinge zu finden, die es sucht.

In meiner Kindertagespflege bin ich erstaunt, wie schnell die Kinder diese Umstände annehmen. Wenn ein Kind alles, was es zum Schlafen braucht, mit einem Handgriff selbst in seinem Bettchen findet, ist es zufrieden. Es fühlt sich wohl, weil alles da ist.

leinkinder 12 bis 24 Monate

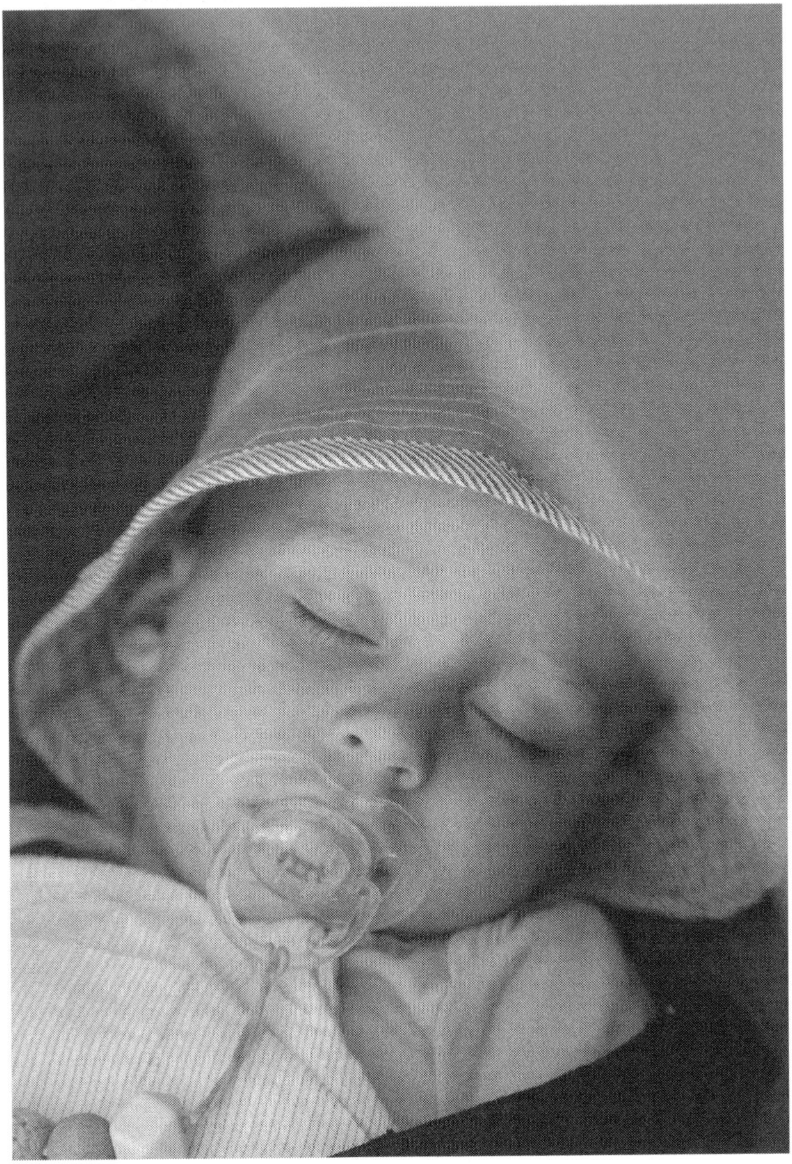

Mit dem ersten Geburtstag sind für viele Kinder große Veränderungen verbunden. Seit 2013 gibt es in Deutschland einen allgemeinen Rechtsanspruch auf eine Kinderbetreuung ab dem 1. Geburtstag. Die Elternzeit geht zu Ende und Mama und Papa beschäftigen sich nun damit, das Kind zeitweise von anderer Seite betreuen zu lassen.

Gleichzeitig wird dein Kind langsam zu groß für das gemeinsame Familienbett. Viele Eltern beschließen, dass es jetzt Zeit wird in das Kinderzimmer umzuziehen. Wenn ihr bisher alle gemeinsam in einem großen Bett geschlafen habt, ist der Umzug in ein eigenes Zimmer ein großer Schritt für dein Kind.

Wie ich in der Einleitung bereits beschrieben habe, verarbeiten wir alle Eindrücke des Tages im Schlaf. Selbst wenn dein Baby (das jetzt ein Kleinkind ist) schon seinen eigenen Schlafrhythmus gefunden hat, kann es sein, dass jetzt wieder alles durcheinandergewirbelt wird.

Die Reaktionen auf diese ganzen Veränderungen kann man schlecht vorhersagen. Einige Kinder reagieren, als ob sie nur darauf gewartet haben, andere sind verunsichert und reagieren mit Stress.

Es kann sein, dass dein Kind nicht mehr im Bett einschläft oder Stunden dafür braucht. Oder, dass es nachts oft schreiend aufwacht und Angst hat.

Wichtig ist, dass du deinem Kind nicht zu viel zumutest. D. h.: Mach nicht alles auf einmal. Der Beginn in der Kinderbetreuung UND der Einzug in das eigene Kinderzimmer gleichzeitig durchzuführen ist zu viel. Außerdem solltest du dein Kind langsam an neue Situationen gewöhnen.

In diesem Kapitel zeige ich dir,

- wie dein Kind die Kinderbetreuung erlebt und welche Veränderungen es bewältigen muss,
- wie du dein Kind an sein eigenes Zimmer gewöhnst,
- wie dein Kind lernt alleine in seinem Bett einzuschlafen und
- wie du deinem Kind einen Schlafrhythmus angewöhnst.

So erlebt dein Kind die Veränderung der neuen Betreuung

Die große Veränderung der Trennung von Mama (oder Papa) ist an sich schon ein Meilenstein in der Entwicklung deines Kindes. Es versteht nicht, warum es stundenweise ohne seine gewohnte Bezugsperson sein soll. Es kann nur entscheiden, ob es sich in der Betreuung wohlfühlt. Gib ihm Liebe und Ruhe, wenn es plötzlich sein Verhalten ändert. Es kann sein, dass es kurzfristig fremdelt, selbst gegenüber dem Vater, oder dass es viel Nähe braucht und schnell weint, wenn du nur den Raum verlässt.

Dein Kind muss jede Menge neuen Input verarbeiten:

- Viele neue Kinder, die meistens älter sind als dein Kind
- Eine neue Umgebung
- Eine ungewohnte Geräuschkulisse
- Eine neue Bezugsperson
- Einen neuen Tagesablauf und neue Rituale
- Die eigene Entwicklung (laufen, sprechen, essen lernen)

Die Liste kann unendlich sein. Und wenn es dann nachts nicht die Ruhe bekommt die es braucht, ist es tagsüber in der Kinderbetreuung übermüdet.

In der Kinderbetreuung muss sich dein Kind an einen strikten Tagesablauf gewöhnen. Der ganze Tag ist durchgeplant. Es gibt feste Essenszeiten, Spielzeiten, besondere pädagogische Angebote, Ausflüge, etc. Ein Kind, das nachts nicht genügend geschlafen hat, kann sich am Vormittag nicht ausruhen, wenn es müde wird. Und es kann auch nicht richtig von dem vielfältigen Angebot profitieren. Es ist oft überfordert, weint viel und sucht den Schutz der Erzieherin / Tagesmutter.

Daher ist es wichtig, dass du deinem Kind hilfst, wieder Sicherheit und innere Ruhe zu finden.

Nimm dir Zeit

Dein Kind wird wahrscheinlich den Großteil des Tages in der Kinderbetreuung verbringen. Wenn du es am Nachmittag abholst, solltest du nach Möglichkeit anschließend keine Aktivitäten mehr planen.

Einkaufen, Baumärkte, frühkindliche Förderungen, solltest du auf das Wochenende legen, sofern dies möglich ist.

Dein Kind möchte genauso „Feierabend" haben wie du. Es empfindet den Tag in der Krippe / bei der Tagesmutter genauso anstrengend wie du deinen Arbeitstag. Es hilft, wenn ihr zwei einfach noch eine kleine Weile auf den Spielplatz geht oder dein Kind zu Hause in seinem Zimmer spielen kann; mit seinen eigenen Spielzeugen und in seiner eigenen Zeit.

Jede Aktivität bedeutet neuen Input und Stress für das Kind. Dies alles muss dann wieder im Schlaf verarbeitet werden.

Gerade zu Beginn der Kinderbetreuung kann es sein, dass dein Kind sehr anhänglich wird. Viele Kinder fangen an, zu fremdeln. D. h., sie weinen bei fremden Menschen oder manchmal sogar beim eigenen Vater und brauchen ganz engen Kontakt zur Mutter.

Das ist normal in dieser Zeit. Dein Kind ist mitten in einer Vielzahl von Entwicklungsschritten, die es scheinbar gleichzeitig durchläuft (laufen und essen lernen, Bewegungen koordinieren, sich in einen neuen, strengen Tagesablauf integrieren, etc).

Viele Verhaltensweisen übernimmt es von älteren Kindern aus der Betreuung, ohne sie wirklich zu verstehen. Es möchte *nur mal ausprobieren*. Gleichzeitig aber hat es noch ein eingeschränktes Bewusstsein. Es kann sich die Welt nur so weit vorstellen, wie sie von ihm realistisch gesehen wird. Wenn du aus der Tür gehst, um z. B. in den Keller zu gehen, bist du für dein Kind aus seiner Welt. Da es aber bereits den ganzen Tag auf dich verzichten musste, lässt es jetzt seinem Unmut freien Lauf. Auch Verlustangst spielt da eine Rolle. Das kann auch der Papa nicht auffangen.

In den ersten 3 Lebensjahren bist normalerweise du die Haupt-Bezugsperson für dein Kind. Das liegt einfach daran, dass du die ersten Monate fast ausschließlich da warst und es sich an deinem Herzschlag orientieren konnte. Der Papa wird erst später so richtig interessant.

Diese Verlustangst kommt häufig auch nachts zum Vorschein. Wenn dein Kind nach einer Schlafphase aufwacht und sich nicht sicher ist, ob du noch da bist, beginnt es zu schreien oder zu weinen.

Gib deinem Baby die Nähe, die es braucht. Es braucht das Gefühl der Gemeinschaft, nicht die Konsequenz einer Erziehungsrichtung. Nach ein paar Wochen sollte sich die Situation aber wieder normalisiert haben.

Wichtig ist, dass dein Kind schnell ein Gefühl der Normalität bekommt. Die Unsicherheit, die es am Anfang der Betreuung empfindet, weil es viele Dinge nicht verstehen kann, vergeht, wenn es wiederkehrende Tagesabläufe erkennt und so weiß, was als Nächstes passiert. Rituale sind hier die Road-Map.

Dein Kind orientiert sich an Ritualen

In dieser Zeit (zwischen 12 und 24 Monaten) macht dein Kind riesengroße Entwicklungsschritte durch. Neben der großen Veränderung der neuen Betreuung lernt es laufen, sprechen und beginnt sich als Person wahrzunehmen. Da kann man schon einmal den Überblick verlieren. Rituale helfen ihm, sich im Tagesablauf zurechtzufinden.

Stell dir Rituale bitte nicht so vor wie im vorletzten Jahrhundert, wo Regeln mit Disziplin und Strenge durchgeboxt wurden.

Rituale sind etwas Fröhliches und geben deinem Kind Sicherheit. Sie sollten Spaß machen und etwas von euch beiden widerspiegeln. Man kann sie mit Reimen, Liedern oder auch bestimmten Handlungen gestalten. Rituale verbinden eine Gemeinschaft, weil nur diejenigen die in der Gemeinschaft sind, sie verstehen.

Bitte achte darauf, dass aus einem Ritual keine Endlosschleife wird. Gerade bei den Schlaf-Ritualen (Lesen, Singen, etc.) möchten Kinder gerne noch eine und noch eine und noch eine Wiederholung. So würde aus dem Ritual ein Spiel. Und vor dem Schlafen spielen wir nicht!

Rituale bilden die Grundlage für einen alltäglichen und normalen Abend. Sie bieten deinem Kind eine Orientierung im Tagesablauf. Sie bieten dir eine Leitschnur, um zu gewährleisten, dass alles in Ordnung ist; nämlich:

- Dass dein Kind genügend Ruhe und Schlaf bekommt.
- Dass ihr als Familie genügend Zeit zusammen habt und Gefühle füreinander entwickeln und leben könnt.
- Und, dass auch du Zeit für dich einplanen kannst und somit mehr innere Ruhe empfindest.

Du musst einfach nicht mehr nachdenken, ob alles OK ist. Du hast das Ritual und merkst, wenn etwas nicht stimmt.

Das richtige Timing finden

Ein geregelter Tagesablauf und fantasievolle Rituale wirken umso beruhigender, wenn du das richtige Timing findest.

Bei der Organisation eures Tagesablaufs solltest du dein Kind immer im Fokus haben. Wieviel Aktivität kannst du deinem Kleinkind zumuten? Wann ist es aktiv und möchte spielen, wann wird es müde, wann hat es Hunger und wann braucht es einfach eine Ruhephase? Diese Beobachtungen sind sehr wichtig und ändern sich alle 3 Monate wieder.

Mit 12 Monaten ist dein Kind noch in der Übergangsphase zwischen Baby und Kleinkind. Es braucht noch viel Schlaf und Ruhe. Eure Aktivitäten sollten sich also nach seinem Schlafrhythmus richten. Kläre in der Kinderbetreuung ab, wie die Erzieher / Tagesmutter dort mit solchen Phasen umgehen, welche Rituale die haben, wenn dein Baby / Kleinkind sich ausruhen muss, und überlege, wie du euren Tagesablauf danach gestaltest. Ein müdes Kind kann nicht ruhig essen oder spielen. Es möchte schlafen.

Lässt sich dein Kind nicht füttern oder weint viel? Dann verändere den Tagesablauf. Schiebe die Schlaf- oder Essenszeiten 30 Minuten vor. Je nachdem wie müde dein Kind ist, braucht es zunächst Schlaf oder etwas zu essen. Es geht nicht darum einen Plan zu erfüllen, sondern dein Kind an einen Tagesrhythmus zu gewöhnen. So kannst du mit ihm auch das entspannte Einschlafen üben.

- Wenn du merkst, dass dein Kind müde wird, gib ihm einen kleinen Snack (Banane oder Brei oder die Milchflasche). Warte nicht, bis es todmüde ist. Suche den richtigen Zeitpunkt. Es soll einfach nur müde sein.

- Dann machst du es für das Bett fertig und legst es hin.
- Sorge dafür das es liegen bleibt. Streichle seinen Bauch oder Rücken, und verhindere auf sanfte Art das es aufsteht (gib ihm genug Platz sich zu bewegen, aber es soll sich nicht hinsetzen).
- Wenn du merkst, dass es ruhig wird, ziehe dich langsam zurück. Dein Kind soll jetzt selbständig liegen bleiben. Es wird ruhiger und ruhiger und schläft ein.
- Lasse dein Kind schlafen.
  Um es an einen Schlafrhythmus zu gewöhnen, sorge dafür, dass dieser Schlaf so lange dauert, wie du es eingerichtet hast (ca. 60 Minuten). Sollte dein Kind vorher wach werden, setzt du dich neben sein Bett und versuchst es wieder hinzulegen. Ist das nicht möglich, kannst du es auch auf dem Arm nehmen, bis es sich beruhigt hat, um es dann wieder hinzulegen. Es soll merken, dass ihr eine bestimmte Dauer ruht. Bleibe neben dem Bett und verlasse nicht das Zimmer.
  Nach ein paar Tagen hat sich dein Kind an den Rhythmus gewöhnt und beginnt entweder so lange zu schlafen oder bleibt liegen, wenn du es ihm sagst.

Das gleiche gilt äquivalent für die Aktivität. Ist dein Kind ausgeruht, lass es spielen. Gehe mit ihm auf den Spielplatz oder spielt im Kinderzimmer (vgl. *So gewöhnt sich dein Kind an sein eigenes Zimmer*). Auch hierfür gibt es eine bestimmte Zeit und Dauer, die DU bestimmst.

Der richtige Zeitpunkt für das Abendessen ist sehr wichtig. Denn beim Abendessen sind alle Familienmitglieder da. Für die meisten Familien ist es die einzige Zeit, in der alle gemeinsam am Tisch sitzen und Zeit haben, sich auszutauschen. Auch dein Kind möchte daran teilhaben.

Daher finde den richtigen Zeitpunkt, dass ihr alle zusammen das Abendessen genießen könnt. Bestimme Regeln, die das ermöglichen:

- Setze einen festen Zeitpunkt
  Dabei solltest du dein Kind im Auge behalten. Wenn du siehst, dass es um 18.00 Uhr zu müde ist um zu essen, kannst du es am Nachmittag noch einmal für 30 Minuten schlafen lassen.

- Sorge dafür, dass alle am Tisch sitzen
  Jeder muss zum Abendessen anwesend sein. Keiner sollte an seinem Schreibtisch sitzen oder telefonieren. Es ist eure gemeinsame Familienzeit. Und die hat eine hohe Priorität.

- Kein Spielzeug am Tisch
  Auch keine Handys.

- Bestimme eine Mindestdauer (ca. 30 Minuten) für das Abendessen
  So kann dein Kind lernen, ruhig am Tisch zu sitzen und die anderen Familienmitglieder können die Zeit danach planen.

- Nach dem Essen gibt es einen festen Ablauf
  Ihr könnt zusammen aufräumen, die Haustiere versorgen oder ihr beginnt mit dem Einschlaf-Ritual.

Rituale und Konsequenz

Die Mütter in meiner Kindertagesbetreuung wundern sich manchmal, dass ihr Kind bei mir problemlos auf seinen Schnuller verzichtet, Mittagsschlaf hält (ja, ihn sogar genießt), ordentlich am Tisch sitzt oder sein Spielzeug selber aufräumt (meistens wenigstens). Zu Hause klappt nichts davon.

Das Geheimnis ist, dass die Kinder wissen, dass es bei mir keine Alternative gibt.

Essenszeiten läute ich immer mit einem bestimmten Lied ein. Jetzt weiß jedes Kind, dass wir gleich essen. Wer Lust hat, kann beim Tischdecken helfen. Wer keine Lust hat zu helfen, geht schon mal zum Tisch und wartet. Aber alle hören auf zu spielen.

Wenn wir uns an den Tisch setzen um zu essen, sitzen wir erst einmal alle gemeinsam am Tisch und beginnen die Mahlzeit. Jeder hat seinen Essensbereich, mit allem, was er / sie möchte. Wichtig ist, dass auch ich am Tisch sitzen bleibe und nicht ständig aufstehe um etwas zu holen, was uns fehlt. Und jeder sitzt vernünftig auf seinem Stuhl. Selbst wenn ein Kind nichts essen möchte, bleibt es für eine kleine Weile am Tisch sitzen. So hat jedes Kind genug Zeit zu essen und keine Angst etwas Spannendes zu verpassen.

Aber diese Gemeinsamkeit dauert nicht ewig. Ein Kleinkind kann noch nicht lange ruhig sitzen bleiben. Nach 10 bis 20 Minuten ist die Konzentration weg. Die Kinder werden unruhig und möchten sich bewegen. Super. Wer fertig ist, kann aufstehen. Nur das Mittagessen beenden wir alle gemeinsam, weil wir anschließend schlafen gehen.

Nach dem Frühstück und Nachmittagssnack können die Kinder spielen, während ich aufräume und die Windeln wechsle. Die Schnuller sind in der Zeit entweder am Schnullerbaum oder im Bett. Denn: "Den Schnuller gibt es nur zum Schlafen oder kuscheln. Wer spielen möchte braucht keinen Schnuller."

Jedes Kind, das neu zu uns kommt, übernimmt diese Regel ganz selbstverständlich. Selbst Kinder, die an ihrem Schnuller kleben, geben mir ihr Lieblingsteil ganz freiwillig ab. Ich nehme keinem Kind etwas weg, setze aber meine Regel ganz selbstverständlich um. D. h., wenn ein Kind seinen Schnuller haben möchte, kann es mir gerne auf seinem Stuhl (oder in seinem Bett) bei der Arbeit zugucken. Oder es kann gerne schnullern, wenn wir gemeinsam lesen. Aber zum Spielen gibt es keinen Schnuller.

Nach dem Mittagessen gehen wir alle mit einem Lied ins Schlafzimmer. Ich ziehe jedem Kind einen Schlafanzug an, lege es in sein Bett und decke es mit einem kurzen Singspiel zu (wenn es eine Bettdecke benutzt). Damit bleibt das Kind in seinem Bett. Es kann durchaus noch zugucken, wie ich die anderen ausziehe, oder sich mit dem Bettnachbarn "unterhalten", aber es bleibt im Bett. Wenn jeder in seinem Bett liegt, mache ich das Zimmer dunkel, spreche noch einen magischen Zauberspruch und singe ein Schlaflied (oder lese eine Geschichte vor, je nachdem was die Kinder wollen und wie alt die meisten sind). Dann warte ich, bis jedes Kind eingeschlafen ist. Das passiert jeden Tag und zur gleichen Zeit. Die Regel: "Nach dem Essen gehen wir schlafen.", ist für alle so selbstverständlich wie: "Nach dem Schlafen kommen die Mamas.". Es gibt keine Ausnahme. Selbst Kinder, die zu Hause nicht mehr mittags schlafen, gehen bei mir selbstverständlich in ihr Bett; ohne weinen und ohne Diskussion.

Erkennst du den roten Faden im Tagesablauf? Das alles sind Situationen, die jeden Tag passieren. Und es gibt keine Ausnahme davon.

Aber ich brauche kein Kind zu zwingen. Die Kinder freuen sich über diesen gleichbleibenden Ablauf und über die Rituale, die einen neuen Abschnitt anzeigen. Und trotzdem haben sie genug Gelegenheiten ihren Tag zu bestimmen.

Zwischen 12 und 36 Monaten kennen Kinder keine Angst vor Autoritäten. Sie folgen, wenn sie es wollen, wenn sie Spaß haben. Und sie fühlen sich in einem geregelten Ablauf sicher. Wenn keine fremden Menschen zu Besuch kommen, wenn wir einfach unter uns sind. Dann sind sie entspannt und locker. Und dann können sie ruhig einschlafen um entspannt aufzuwachen.

Drohungen, Sanktionen und laute Kommandos wirken auf ein Kleinkind nur abschreckend. Vielleicht zieht es den Kopf ein und fügt sich, vielleicht fängt es aber auch an zu weinen, aber es übernimmt nicht freiwillig eine Regel oder ein Ritual. Diese Dinge machen dann keinen Spaß. Und ohne Spaß wird es anstrengend, für uns alle.

Wenn du deinem Kind Sicherheit geben möchtest, lebe es ihm vor. Es gibt Regeln und gewohnte Abläufe, die du ihm vorlebst. Und es gibt keine Ausnahmen davon. Aber das ist nicht schlimm. Es ist keine Strafe und hat nichts mit Druck zu tun. Es ist schön einen Überblick und Ordnung zu haben, und die regelmäßig wiederkehrenden Abschnitte gewährleisten, dass für alles, was ihr tun wollt, genug Zeit ist.

Wenn du in dieser Zeit (12 bis 24 Monate) einen Tagesablauf mit Ritualen einführst, die zu DIR passen, und diese auch jeden Tag konsequent einhältst, gibst du deinem Kind damit Sicherheit und schaffst eine Vertrauensbasis. Diese braucht ihr für die nächsten Entwicklungsschritte (z. B. die Trotzphase) dringend.

Was machst du, wenn ein Ritual nicht mehr passt?

Dein Kind ist auf Expansion programmiert; es entwickelt sich ständig weiter. Das bedeutet, dass sich sein Aktionsradius und euer Tagesablauf ständig ändert.

Mit 12 Monaten braucht es am Vormittag noch ein Nickerchen, nach dem Mittagessen einen längeren Schlaf und am Nachmittag noch einmal ein kurzes Nickerchen (von ca. 30 Minuten). Mit 16 Monaten braucht dein Kind nur noch den Mittagsschlaf, um dann bis zum Abendessen durchzuhalten. Mit dieser Veränderung des Schlafbedürfnisses ändert sich auch euer ganzer Tagesablauf.

Dein Kind zeigt dir, wenn ein Ritual nicht mehr zu euch passt. Es fängt dann an, Stress zu machen, weil es keinen Spaß mehr daran hat. Wenn es anstrengend wird, ist es Zeit für eine Veränderung.

Beispiel: Jedes Jahr im August fangen bei mir neue Kinder in der Betreuung an. Diese sind dann noch sehr klein (ca 12 bis 14 Monate). Von zu Hause aus sind sie es gewohnt, gegen 10 Uhr einen kleinen Snack zu bekommen (Milchflasche, Babykeks, etc.). Danach werden sie müde und brauchen eine Pause in der Manduca oder auf der Decke.

Aber 2 Monate später brauchen sie dieses Ritual nicht mehr; es stört sie beim Spielen und sie möchten sich nicht ausruhen.

Wenn ich im August / September den Vormittagssnack eingeführt habe, kann ich ihn jetzt wieder wegnehmen. Wir haben somit mehr Zeit zum Spielen und die Kinder haben Mittags mehr Hunger am Tisch.

Passe also den Tagesablauf an dein Kind an. Wenn es regelmäßig an einer bestimmten Stelle oder Situation Stress macht, dann überlege was du ändern kannst, um wieder mehr Ruhe und Spaß in den Alltag zu bringen.

So gewöhnt sich dein Kind an sein eigenes Zimmer

Möchtest du, dass dein Kind in seinem eigenen Zimmer schläft, damit du und dein Partner euer Bett wieder für euch habt? Dein Kind will aber nicht in seinem Zimmer schlafen. Es wehrt sich. Häufig liegt das daran, dass es dein Kind nicht gewohnt ist sich in diesem Zimmer aufzuhalten. Es ist aber sehr wichtig, dass es sich darin wohl fühlt, denn es soll nachts schlafen. Das tut es nur in einer gewohnten Umgebung.

In den ersten Lebensmonaten war dein Kind ständig in deiner Nähe. Es lag im Stubenwagen, Laufstall, Wippe oder auf der Decke und war immer da wo du warst. Jetzt wird es langsam Zeit, es an seinen eigenen Bereich zu gewöhnen. Aber mal ganz ehrlich, wie oft hältst du dich in dem Zimmer deines Kindes auf?

Vielleicht stehen dort die Wickelkommode und sein Gitterbett. Vielleicht ist ein älteres Geschwisterkind noch in dem Zimmer und verteidigt seinen Bereich; es gibt noch kein gemeinsames Spielzimmer.

Um deinem Kind sein Zimmer schmackhaft zu machen, solltest du dich mit ihm gemeinsam darin aufhalten. Spiele mit ihm in seinem Zimmer. Legt euch gemeinsam auf den Teppich und beschäftigt euch mit den Spielsachen. Und wenn es sich so richtig damit wohl fühlt, fängst du an, dich langsam von ihm zu entfernen. Es soll lernen, alleine zu spielen.

Die meisten Eltern, die ich kenne, möchten jede Sekunde mit ihrem Kind verbringen. Sie genießen es gemeinsam mit ihrem Kind auf dem Teppich zu liegen und überhäufen ihr Kind mit Aufmerksamkeit. Jeder Augenblick ist wichtig. Und am Anfang hört das Kind alle 30 Sekunden seinen Namen.

Mal ganz ehrlich, wie soll ein Kind dabei lernen, alleine zu spielen oder zu schlafen?

Ein entspanntes Kind spielt gerne alleine. Es weiß oder hört wo Mama oder Papa gerade sind und ist beruhigt. Wenn es sich langweilt oder nichts mehr hört, sucht es nach seiner Bezugsperson.

Ein nervöses Kind achtet ständig darauf, dass es nicht alleine ist. Es ist meistens laut, weint viel und entfernt sich nicht weiter als eine Armeslänge von Mama oder Papa. Wie soll es da lernen, sich alleine zu beschäftigen, geschweige denn alleine zu schlafen?

So spielt dein Kind alleine

In meiner Kindertagesbetreuung müssen die Kinder zeitweise alleine spielen. Ich muss zwischendurch die Windeln wechseln, kochen, aufräumen oder mich um ein Kind intensiver kümmern. Ich kann nicht jedem Kind die gleiche Aufmerksamkeit schenken, die es zu Hause bekommt.

Um ein Kind daran zu gewöhnen, alleine zu spielen, setze ich mich zunächst mit ihm gemeinsam auf den Teppich und suche nach etwas das ihn interessiert. Wir spielen also zunächst gemeinsam.

Wenn ich merke, dass seine Aufmerksamkeit schwächer wird, beschäftige ich mich alleine weiter mit diesem Spielzeug.

Die Konzentrationsspanne eines Kleinkindes liegt ungefähr bei 10 Minuten, es geht also ziemlich schnell, dass das Kind das Interesse verliert. Jetzt spielen wir zwar gemeinsam auf dem Teppich, aber nicht zusammen.

Anfangs wird dein Kind versuchen, deine Aufmerksamkeit wieder auf sich zu ziehen, denn das ist für ihn normal. Wenn du dich aber weiter auf dein Spiel konzentrierst, fängt es an dein Verhalten zu spiegeln; es ahmt dich nach.

Viele Kinder nehmen mir dann mein Spielzeug aus der Hand und möchten selbst damit spielen. Schließlich scheint das interessant zu sein, denn ich spiele ja damit.

Jetzt setze ich mich einfach an den Rand / an die Wand und schaue zu. Ich tue nichts und beobachte das Kind einfach. Viele Kinder suchen sich dann etwas anders zu spielen. Kinder müssen immer spielen, denn so lernen sie ihre Fähigkeiten zu verbessern.

Lass dich nicht auf ein Spiel mit deinem Kind ein. Sitze einfach nur als Beobachter daneben und bleibe ruhig. Du kannst dir auch eine neue Beschäftigung suchen (lesen oder malen), aber bitte lass das Handy aus der Hand. Wenn du dich auf deine Emails, Socialmedia-Posts und Messenger konzentrierst, wirst du ungeduldig gegenüber deinem Kind. Damit signalisierst du ihm: “Das Ding ist wichtiger als du.”. Du könntest einen Wettstreit um deine Aufmerksamkeit zwischen deinem Kind und dem Handy hervorrufen. Das willst du nicht.

Nach ein paar Tagen hat dein Kind akzeptiert, dass es sich auch alleine beschäftigen kann und beginnt ein eigenes Spiel. Wissenschaftler haben herausgefunden, dass ein Kind, dass eigenständig die Funktionen eines beliebigen Gegenstandes herausfindet, auf viel mehr Möglichkeiten kommt, als ein Kind, dem die Funktionsweise erklärt wird. Auf diese Weise entwickelt dein Kind seine eigene Lerntechnik. Das hilft ihm später enorm.

Wenn du dich jetzt aus dem Zimmer entfernen möchtest, vermeide plötzliche Bewegungen. Springe nicht auf und gehe einfach aus dem Zimmer. Sage deinem Kind, dass du jetzt aus dem Zimmer in die Küche oder Wohnzimmer, etc. gehst.

Erhebe dich langsam. Wenn dein Kind mit möchte, kann es das selbständig tun. Hebe es nicht auf deinen Arm.

Nervöse Kinder reagieren auch nervös auf schnelle Bewegungen. Das können sie nicht einschätzen. Sie versuchen ständig ihre Bezugsperson zu beobachten, um ja nicht den Zeitpunkt zu verpassen, dass diese auf einmal weg ist. Für ein Kleinkind ist jeder Mensch, der das Zimmer verlässt, aus dieser Welt verschwunden. Seine Vorstellungskraft reicht noch nicht aus, um eine innere Karte seiner Umgebung anzufertigen. Es heißt: "Weg ist weg!"

In dem anderen Zimmer solltest du dich länger mit einer Sache beschäftigen. Du kannst z. B. lesen, die Post bearbeiten, aufräumen oder kochen. Damit zeigst du, dass jedes Zimmer eine eigene Bedeutung hat. Bleibe aber ansprechbar. Reagiere auf dein Kind und schenke ihm die Aufmerksamkeit, die es braucht. Rede mit ihm. Erkläre, was du gerade tust, auch wenn es das noch nicht versteht. Allein, dass du es ihm erklärst, wirkt schon beruhigend. Nach ein paar Tagen hat sich dein Kind daran gewöhnt und spielt ganz normal in seinem eigenen Zimmer.

Unsere Kinder spiegeln unser Verhalten.

Daher müssen wir sie gar nicht erziehen.

Dein Kind wird dein Verhalten und deine Werte übernehmen, ohne sie zu hinterfragen.

Im Umkehrschluss bedeutet das für mich, dass ich den Kleinkindern das Benehmen vorlebe, das ich bei ihnen sehen möchte. Wenn ich möchte, dass ein Kind ruhiger wird, lebe ich ihm ruhige Abläufe und Bewegungen vor. Wenn ich mehr Freiraum möchte (und nicht immer ein Kind auf dem Arm), dann gebe ich den Kindern mehr Freiraum und Bewegungsfreiheit.

Zeige deinem Kind wie es alleine einschläft

Damit ein Kleinkind nachts durchschläft, muss es lernen alleine einzuschlafen. Denn eine Schlafphase (Leichtschlaf, Traumschlaf, Tiefschlaf) endet immer mit dem Aufwachen. Hat dein Kind gelernt alleine einzuschlafen, tut es das auch, wenn es kein anderes Bedürfnis hat.

Vor dem *Einschlafen* steht das *Liegenbleiben*. Dein Kind muss erst einmal lernen in seinem Bett liegen zu bleiben. Ob du es glaubst oder nicht: Das ist nur eine Angewohnheit. Beobachte dich einmal selbst: Was brauchst du alles, um einzuschlafen? Die richtige Seite des Bettes, das richtige Kopfkissen, die richtigen Rituale vor dem zu Bett gehen, etc. Wenn du dann im Bett liegst, hast du jeden Abend die gleichen Bewegungsabläufe. Einige Menschen wälzen sich erst 10 mal hin und her, andere verkriechen sich unter ihre Decke, der eine macht vorher ein paar Lockerungsübungen und wieder jemand anderes braucht zum Einschlafen Musik oder Fernsehn.

Kinder werden daran gewöhnt wie sie einschlafen. Du hast einen großen Einfluss darauf. Klar, ich habe weiter oben erklärt, dass es verschiedene Schlaftypen gibt (vgl.*So lernt dein Baby einzuschlafen*). Danach gibt es Kinder, die sich im Bett erst 5 Minuten wälzen müssen, ehe sie zur Ruhe kommen und andere die gerne in einer Höhle schlafen und das Kuscheln lieben. Welcher Schlaftyp ist dein Kind? Finde es heraus. Und wenn du ihn gefunden hast, gestalte euer Schlaf-Ritual danach.

Auf jeden Fall solltest du aufhören dein Kind zum Einschlafen durch die Gegend zu tragen oder nachts noch einen ausgedehnten Spaziergang mit dem Kinderwagen zu machen. Dein Kind muss lernen im Bett einzuschlafen; dazu gibt es keine Alternative!

Möchte dein Kind nicht in seinem Bett einschlafen?

Wenn dein Kind Stunden braucht, um einzuschlafen, oder gar nicht in sein Bett möchte, entsteht der Stress meist vorher.

Dreh und Angelpunkt sind dabei die Rituale vor dem Schlafen gehen. Finde heraus, wann genau der Streit anfängt. Was genau macht es anstrengend? Wo sind gleiche Abläufe erkennbar?

Frag auch deinen Partner nach seinen Beobachtungen. Gemeinsam findet ihr eine Möglichkeit den vorherigen Ablauf zu optimieren. Vielleicht könnt ihr das Abendbrot zeitlich nach vorne oder hinten verschieben, so dass dein Kind vorher mehr Zeit zu spielen hat, bzw. bei Tisch nicht übermüdet ist. Oder ihr verändert etwas an dem Ablauf. Ihr könnt auch mal die Rollen tauschen, um zu sehen, ob der Partner weniger Schwierigkeiten hat.

In den meisten Kinderzimmern steht ein Gitterbettchen, um zu verhindern, dass das Kind selbständig aufsteht. Als Tagesmutter bevorzuge ich Krippenbetten. Die sind sehr niedrig (10 cm hoch), haben einen Ausfall-Schutz und bieten jeden Komfort eines normalen Bettes. Der große Vorteil dieser Betten ist, dass ich keine Probleme habe das Kind in den Arm zu nehmen während es auf seiner Matratze liegt. Ich kann mich neben das Bett knien und meinen Kopf neben dem des Kindes legen. Ganz einfach.

Wenn es dein Kind gewohnt ist auf deinem Arm oder Brust einzuschlafen, fühlt es sich verloren, wenn es jetzt alleine auf der Matratze liegen soll. Der enge Körperkontakt, die Wärme und der Schutz, den diese Gewohnheit gebracht hat, sind dann einfach weg, ohne ersetzt zu werden.

Um einem neuen Kind das Einschlafen zu zeigen, gebe ich ihm die Nähe, die es braucht. Wenn ich merke, dass es ruhig wird, entferne ich mich langsam von ihm. Aber nur soweit, wie es das Kind zulässt. Bereits nach ein paar Tagen halten wir nur noch Händchen miteinander, und nach 1 Woche sitze ich an der Wand und warte, bis es eingeschlafen ist.

Es mag dir manchmal so vorkommen, als ob dein Kind dich nie gehen lässt und manchmal machen Rückenschmerzen ein liebevolles Ritual zu einer Qual, aber gebe nicht auf. Je mehr Sicherheit du deinem Kind gibst, umso leichter wird es einschlafen.

Wichtig ist, dass du konsequent bleibst. Es gibt keine Alternative zu dem Kinderbett. Wenn du anfängst und nach 1 Stunde dein Kind doch noch mit ins Familienbett nimmst, zögerst du diesen wichtigen Schritt nur weiter hinaus.

Sorge dafür, dass dein Kind in seinem Bett, auf seiner Matratze einschläft. Und mach es mit Liebe und Geduld. Lass deine Bewegungen langsam immer weiter werden. Du kannst auch deine Atmung zur Hilfe nehmen: Mache tiefe und langsame Atemzüge.

Die Atmung ist der einzige Bestandteil des vegetativen Nervensystems, auf den wir aktiv Einfluss nehmen können. Mit tiefen Atemzügen verlangsamt sich unser Herzschlag. Dein Kind orientiert sich an deinem Herzschlag. Es ist das beste Beruhigungsmittel für ihn. Daher kuschelt es so gerne mit dir.

Wenn du es nicht auf seiner Matratze halten kannst, nehme es ruhig auf den Arm, bis es sich beruhigt hat. Dann legst du es wieder auf die Matratze und versuchst es dort zum Liegen zu bringen. Gib nicht auf. Ich mache das seit 8 Jahren so und es gab nicht ein Kind, bei dem es nicht funktioniert hat. Nach ein paar Tagen legt sich dein Kind völlig selbstverständlich auf die Matratze.

Dieses Prozedere führst du auch nachts durch, wenn dein Kind aufwacht. Ich weiß, das ist anstrengend, aber es lohnt sich. Bereits nach ein paar Wochen merkst du, dass dein Kind entspannter schläft und auch aufwacht. Es passiert jetzt immer öfter, dass es nachts nur noch wenig bis gar nicht mehr aufwacht und nach dir ruft. Selbst wenn, so ist das nicht mehr von einem dringenden Schreien begleitet, sondern von einem entspannten "Hallo!" oder "Dada".

Daher habe ich dir am Anfang des Buches empfohlen, es tagsüber zu üben. Da ist es viel einfacher konsequent zu bleiben als morgens um 4.00 Uhr.

Und wenn dein Kind nachts nach dir ruft, überprüfe was es möchte. Hat es alles was es zum Schlafen braucht? Hat es die Windeln voll? Finde heraus, was es möchte. Es hat nicht immer Hunger.

Wenn dein Kind ohne zu trinken nicht einschläft

Wann dein Kind durchschläft hängt auch stark davon ab, ob es ohne zu trinken einschlafen kann. Viele Kinder, die keinen Schnuller benutzen, schlafen nur während des trinkens ein. Die Milchflasche oder deine Brust erfüllen dabei den gleichen Zweck wie ein Beruhigungssauger (Schnuller): Durch das Saugen stimuliert die Zunge den Oberkiefer und das Kind beruhigt sich. Wenn dein Kind nun das Trinken mit der Beruhigung verbindet, fällt es ihm schwer ohne diesen Reiz einzuschlafen (auch nachts).

Es ist natürlich viel einfacher in den Morgenstunden das Kind zu stillen oder die Flasche fertig zu machen, als zunächst zu suchen was es möchte. Und dein Baby lernt, dass es zum Einschlafen trinken muss. Du erkennst sicher die Ironie an der Situation. Irgendwann muss dein Baby lernen selbständig einzuschlafen. Um ihm das zu erleichtern kannst du so vorgehen:

- Übe tagsüber, beim Mittagsschlaf, mit deinem Kind. So hast du die nötige Geduld und Zeit, um diese neue Angewohnheit zu trainieren.

- Übe nach dem Essen. Wenn dein Kind satt ist, kann es nicht noch mehr Nahrung zu sich nehmen. Kinder haben ein natürliches Sättigungsgefühl. D. h., sie essen immer bis sie satt sind aber nicht mehr. Ich lege meine Tageskinder immer nach dem Mittagessen schlafen, so dass sie satt sind wenn sie ins Bett gehen.

- Wenn du dein Kind ins Bett legst, gibst du ihm wie gewohnt seine Flasche oder lege es an deine Brust. Es soll aber die Flasche selber halten oder deine Brust. Wenn es trinkt, braucht es das Saugen oder hat wirklich Hunger.

- Ein gesättigtes Kind kann nichts mehr trinken, es fängt an mit der Flasche zu spielen (bzw. an deiner Brustwarze nur zu nuckeln). Wenn du das beobachtest, nimm ihm die Flasche weg / entziehe ihm deine Brust. Du kannst es weiterhin im Arm halten um ihm Nähe zu geben.

- Bringe es jetzt wieder zur Ruhe.
  Dein Kind weiß nicht, dass es auch ohne trinken einschlafen kann, daher wird es zunächst verunsichert reagieren und weinen. Deine Nähe gibt ihm wieder Sicherheit. Du kannst es auf deine Brust legen oder ihn sanft streicheln bis es sich beruhigt hat. Aber bleibe mit ihm bei seinem Bett.

- Nach ein paar Tagen merkst du, wie dein Kind ruhiger wird und kein trinken mehr zum Einschlafen erwartet.
- Jetzt kannst du anfangen den Abstand zwischen euch beiden langsam zu vergrößern, während du darauf wartest, dass dein Kind einschläft.
- Nach spätestens 1 Woche reicht es, wenn du ihm die Hand zum Einschlafen hälst, und nach einer weiteren Woche kannst du schon neben seinem Bett sitzen und warten, bis dein Kind eingeschlafen ist.

Diese Übung kannst du natürlich auch abends, zum Einschlafen, machen. Es ist nur wichtig, dass du Ruhe und Zeit hast, damit dein Kind sich in die neue Situation hineinfinden kann.

Du brauchst auch keine Angst haben, es könnte dadurch zu wenig Nahrung bekommen. In diesem Alter haben die Kinder auch nachts zwischendurch noch Hunger, gerade wenn sie wachsen oder einen Entwicklungsschritt durchlaufen. Du merkst, dass dein Kind Hunger hat. Dann kriegt es selbstverständlich auch was es braucht.

Aber es verbindet ab jetzt das Trinken nicht mehr mit dem Einschlafen. Wenn es jetzt nachts wach wird und sein Kuscheltier alleine findet (oder die Stoffwindelt, etc.), kann es auch alleine wieder einschlafen; ja, es wird noch nicht einmal richtig wach. Ein Meilenstein auf dem Weg zum Durchschlafen.

Medienkonsum

In diesem Alter behindern digitale Medien (Tablet, Handy, Spielekonsole und Fernseher) dein Kind in seiner Entwicklung. Es hat alle Hände voll zu tun mit der Entwicklung seines Sehsinns und der Koordination mit seinen Händen, es muss lernen Entfernungen abzuschätzen, die Sprache muss sich entfalten und ... und ... und.

Die Entwicklung deines Kindes ist komplex und auf seine Umgebung abgestimmt. Es muss lernen zu klettern, aufzustehen, auf Reize zu reagieren und mit seinen Bezugspersonen zu kommunizieren.

Digitale Medien veranlassen uns aber dazu, nicht zu reagieren und still sitzen zu bleiben. Ein sehr verlockender Gedanke (manchmal), ich weiß. Aber wenn du möchtest, dass dein Kind sich gesund entwickeln und die täglichen Reize verarbeiten kann, dann darf es für ihn / sie keine Medienzeit geben. Für nähere Informationen gibt es jede Menge weitere Ratgeber, oder du fragst deinen Kinderarzt.

Dein Kind schläft nicht immer gleich

Über das Jahr verteilt beobachte ich bei meinen Tageskindern, dass sich das Schlafverhalten und die Bereitschaft zu schlafen mit den Entwicklungsschritten und den Jahreszeiten ändern.

Die Eltern berichten im Sommer oft, dass ihr Kind nicht ins Bett möchte und teilweise erst sehr spät einschläft. Oder das Kind ist bereits um 18.00 Uhr so müde, dass es Schwierigkeiten hat, das Abendbrot wach zu überstehen. Oder dass es am Wochenende mittags 3 Stunden geschlafen hat, aber an manchen Tagen überhaupt keinen Mittagsschlaf will.

Wenn ich das Ganze über das Jahr beobachte, fällt mir auf, dass im Sommer das Tageslicht viel heller ist. Aber erst mit der Abenddämmerung schüttet unser Körper Melatonin aus, welches wir für unsere Müdigkeit brauchen.

Das hängt mit den Farben des Lichts zusammen. In der Abenddämmerung hat das Licht einen höheren Blauanteil, im Morgengrauen ist rot dominant. Es ist also nicht ungewöhnlich, wenn dein Kind im Sommer später müde wird als im Herbst oder Winter. Unter blauem Licht produziert unser Körper mehr Melatonin, das Schlafhormon.

Der Schlafbedarf ist den Aktivitäten und dem Entwicklungsstand entsprechend leicht schwankend

Wenn dein Kind aufgeregt und überdreht ist, ist dies ein Zeichen von Überforderung. Es ist vielleicht mit einer Situation gestresst, die gerade passiert.

Eventuell habt ihr Besuch von der Oma oder von einem Freund oder Nachbarn, oder es ist ein Geburtstag oder Feiertag, wie Weihnachten, Ostern etc. und es ist viel Action in der Wohnung.

Oder du musst aus irgendwelchen Gründen das Abendritual ändern, was Kinder gar nicht mögen. Es gibt viele Möglichkeiten oder Gelegenheiten, weshalb dein Kind aufgeregt ist.

Dieses „Überdrehtsein“ hat nichts mit den oben beschriebenen Schwankungen aufgrund der Jahreszeiten zu tun, sondern mit der Situation an sich. Schaffe eine ruhige Atmosphäre, gib deinem Kind Zeit und gewohnte Abläufe, damit es sich beruhigen kann.

Wenn es nicht müde wird oder nachts unruhig schläft, weil es gerade wieder einen weiteren Entwicklungsschritt macht, gilt das umso mehr. Gerade dann braucht es Rituale und Regeln, damit es wieder in seine gewohnte Komfortzone kommt.

Aber vor allem braucht es Zeit!

Es ist nicht wichtig, dein Kind um 19.00 Uhr ins Bett zu bringen. Es ist wichtig, dass dein Kind ein angenehmes Gefühl damit verbindet. Ja, ich weiß: Bisher habe ich immer betont wie wichtig ein konsequentes Verhalten ist. Aber in diesem Fall geht es darum mehr Ruhe in eine anstrengende Situation zu bekommen.

Dein Kind muss sich entspannen bevor es müde wird. Wenn es ab und zu mal später schlafen geht, dafür aber entspannt, ist das viel wichtiger als die Einhaltung einer Regel. Der Schlaf ist unser allerletzter Rückzugsort. Der Zustand, indem wir uns erholen, wachsen und lernen.

Wenn du mit aller Macht Regeln durchsetzt, wird dein Kind nur lernen, sich zu fügen, aber kann es sich dabei auch entspannen? Anspannungen verarbeiten wir im Schlaf. Also verhalte dich vor allem geduldig und flexibel, wenn es Stress gibt.

Der kleine Unterschied zwischen Konsequenz und Strenge

Konsequenz bedeutet, dass das, was ich gesagt habe, auch geschehen wird: „Wir gehen jetzt ins Bett und schlafen“.

Strenge bedeutet, dass das, was ich gesagt habe JETZT und ohne Widerrede umgesetzt wird: „Wir gehen JETZT ins Bett“!

Erkennst du den Unterschied?

Bei der Konsequenz bist du dir sicher, dass das, was du gesagt hast, auf jeden Fall auch passieren wird, und zwar dann, wenn ihr soweit seid. Du strahlst dabei vor allem Ruhe und Zuversicht aus. Dies sind wichtige Grundlagen für Vertrauen. Dein Kind lernt, dir zu vertrauen, weil es gelernt hat, dass das passieren wird, was du gesagt hast. Es hat keine Angst und fühlt sich nicht übergangen (in diesem Alter noch nicht). Dein Kind folgt dir, weil es so ist.

Wenn du streng bist, dann musst du deine Behauptung mit Kraft durchsetzen. Im Extremfall packst du dein Kind, schreist es an, hältst es fest, bis es ruhiger wird und bist am Ende völlig fertig. Dein Kind lernt, dass es besser ist, gleich zu machen, was du gesagt hast, weil du es so willst und weil es gar keine andere Wahl hat. Frag dich am besten selbst, ob dieses Verhalten Vertrauen schaffen kann.

Ich selbst habe schon genug damit zu tun, konsequent zu bleiben. Für Strenge habe ich weder Zeit noch Energie. Strenge ist ein Zeichen, dass du nicht mehr weiter weißt. DU bist jetzt müde oder abgespannt. DU hast keine Argumente oder Geduld mehr. Und in letzter Konsequenz bist du überfordert.

Wenn ich selbst an den Punkt komme, an dem ich weder Argumente noch Geduld habe, atme ich ein paarmal tief ein und aus.

Unsere Atmung ist Teil des vegetativen Nervensystems. Wenn wir angespannt sind, atmen wir flacher. Mit tiefen Atemzügen, also wenn ich tief ein- und ausatme, merke ich sofort, wie meine Muskeln beginnen, sich zu entspannen. Ich habe das Gefühl, wieder neue Energie zu bekommen. Außerdem erhalte ich so einen kleinen Abstand zur Situation und kann sie aus einem anderen Blickwinkel betrachten. Das Ganze dauert nur ein paar Sekunden, der Effekt ist aber enorm.

Kleinkinder 24 bis 36 Monate

In dieser Lebensphase wird dein Kind nun mit sich selbst konfrontiert. Es kommt in die sogenannte *Trotzphase*. Es erkennt, dass es eine eigene Persönlichkeit mit einem eigenen Willen ist. Es erkennt, dass es Gefühle hat. Emotionen wie Wut, Frust, Angst und Unsicherheit, aber auch spontane Freude und Ideen werden jetzt für dein Kind bewusst spürbar. Es testet Grenzen aus und versucht, diese für seine Zwecke zu erweitern; allerdings ohne dabei einen wirklichen Plan zu haben.

Dazu kommt, dass sein Schlafbedarf jetzt immer mehr abnimmt. Ein Kleinkind braucht weniger Schlaf pro Tag (vgl. Grafik Seite 4). Du erkennst das daran, dass dein Kind immer quirliger wird. Du hast Schwierigkeiten, es mittags schlafen zu legen. Es protestiert und versucht alles, um den Mittagsschlaf zu umgehen. Wenn du nachgibst, wird es doch noch zwischen 16.00 und 17.00 Uhr müde und schläft wirklich 1 bis 2 Stunden. Entsprechend schwierig ist es dann gegen 19.00 Uhr, dein Kind für die Nacht fertigzumachen. Warum soll es auch ins Bett gehen, wenn es nicht müde ist?

Da die meisten Kinder tagsüber in einer Betreuung sind (Kita oder Tagesmutter) und in den meisten Betreuungsformen die Kinder in Gruppen von „Unter 3“ und „Über 3“ eingeteilt sind, könnte es sein, dass dein Kind mittags länger schläft, als es eigentlich braucht und daher abends länger wach ist. Das führt dazu, dass dein Kind dann nachts nicht ausreichend Schlaf bekommt. Daher ist es am nächsten Tag nicht genügend ausgeruht und freut sich schon auf den entspannten Mittagsschlaf.

In meiner Tagespflege hatte ich einen Jungen, der in dieser Phase abends nicht mehr vor 22 Uhr eingeschlafen ist. Entsprechend müde war er am nächsten Tag. Die Eltern fragten mich, ob das Kind mittags wach bleiben könne, damit es abends früher schlafen ginge. Aber der Mittagsschlaf war die Aufladestation des Jungen. Er hat es geliebt, sich jeden Mittag sein Nest neu zu ordnen und darin einzuschlafen.

Viele Eltern neigen in dieser Zeit dazu, ihr Kind körperlich auszupowern. D. h., sie gehen gerne in Indoor-Spielplätze, schwimmen, spielen bis zum Abendessen Fußball oder befeuern ihr Kind sonst wie mit Aktionen damit es „müde“ wird.

Aber dieses Verhalten hat nichts mit Müdigkeit zu tun. Es ist lediglich körperliche Erschöpfung. Dein Kind fällt wie tot ins Bett. Vielleicht ist es beim Abendessen bereits so erschöpft, dass es nicht mehr auf seinem Stuhl sitzen kann. Der Stress beim Zu-Bett-Gehen ist jetzt vorprogrammiert. Dein Kind ist überfordert und macht das durch Schreien, Trotz oder Verweigerung deutlich.

Die Wahrheit ist: Wir können immer schlafen, wenn wir das wollen. Wir müssen unserem Körper nur etwas Zeit geben, sich an die neue Situation zu gewöhnen. Natürlich dauert es ein paar Tage, bis sich dein Kind an die neue Situation gewöhnt hat, aber es gibt Mittel ihm diese beizubringen.

Bei dem oben genannten Jungen habe ich die Situation so gelöst, dass er mir zuerst helfen durfte, die kleineren Kinder schlafen zu legen. Erst als alle anderen eingeschlafen waren, hat er sich in sein Bett gelegt und ist eingeschlafen. So bekam er seinen Mittagsschlaf, aber weniger als die anderen, und konnte abends besser ins Bett gehen.

Auch du kannst mit deinem Kind einen neuen Schlafrhythmus finden. Beispielsweise kannst du den Mittagsschlaf auf 14.00 Uhr legen und darauf achten, dass er nur 30 bis 60 Minuten dauert. So hat dein Kind genug Energie für den spannenden Nachmittag und ist abends müde für die Nacht.

In dieser Lebensphase ist dein Kind mit so vielen neuen Dingen konfrontiert, dass es umso mehr einen geregelten Tagesablauf und seine Ruhezeiten braucht. Ja, viele Dinge ändern sich. Das bedeutet, dass sich auch eure Rituale ändern können.

Passe deine Rituale an die neue Aktivität deines Kindes an

Dadurch, dass sich dein Kind seiner Persönlichkeit jetzt mehr und mehr bewusst wird, ist es auch schwerer es davon zu überzeugen ins Bett zu gehen. Es vergleicht sich immer mehr mit den anderen Familienmitgliedern ("Der darf auch noch aufbleiben") und wird immer anspruchsvoller was die Rituale angeht.

Einerseits macht das Spaß, weil jetzt so ein wirkliches Familien- und Gemeinschaftsgefühl aufkommt. Andererseits fordert die neue Situation deine gesamte Geduld, Einfühlungsvermögen und Kraft.

Wenn du bisher euren Tagesablauf konsequent mit Ritualen gestaltet hast, ist es etwas leichter das „Zu-Bett-geh-Ritual“ einzuleiten. Dein Kind kennt dein konsequentes Verhalten und weiß, dass es keine Alternative gibt. Wenn du möchtest, lies dir noch einmal die Kapitel *Dein Kind orientiert sich an Ritualen* durch und bleibe konsequent dabei. Dein Kind braucht in dieser Entwicklungsphase einen festen Rahmen, an dem es sich orientieren kann, dringender denn je. In dieser Zeit, in der es manchmal selbst nicht versteht was passiert oder warum es so reagiert, gibt ihm ein fester Plan Sicherheit. Auch, wenn es darum geht zur Ruhe zu kommen.

Ein 2-jähriges Kind möchte an allem aktiv teilnehmen. Es möchte beim Kochen helfen, sein Laufrad reparieren, beim Handwerkern mithelfen und bei allen alltäglichen Handgriffen eine Rolle spielen. Super!

Nutze diese Aktivität für deine Zwecke aus. Suche nach Aufgaben für dein Kind, die seinem Entwicklungsstand und seinen Interessen entsprechen und gib diesen Aufgaben einen Platz in euren täglichen Ritualen.

- Beispielsweise könnt ihr gemeinsam das Abendessen vorbereiten. Lass es seine Erfahrungen in der Küche machen. Das macht Spaß. Am Ende müsst ihr noch alles aufräumen und sauber machen. Auch das macht Spaß (besonders wenn alle Familienmitglieder dabei helfen).
- Falls ihr ein Haustier habt, muss auch dieses für die Nacht versorgt werden: Der Hund muss noch einmal raus, das Meerschweinchen bekommt sein Futter für die Nacht, die Fische bekommen ihr Futter, etc.
- Die Kleidung für den nächsten Tag wird herausgesucht und das Kinderzimmer wird aufgeräumt.
- Sieh dich in deiner Umgebung mit offenen Augen um und frage dich, wobei dein Kind dir helfen kann.

Dein Kind wird die Erfahrung machen, dass es ab jetzt ein Teil der Gemeinschaft ist. Es beginnt, Verantwortung zu übernehmen. Die Dinge, die es tut, haben einen Sinn für eure Gemeinschaft. Und sie haben einen festen Platz im Tagesablauf.

Auch bei den Zu-Bett-geh-Ritualen könnt ihr euch etwas Neues ausdenken. Geschichten werden jetzt interessant. Sie helfen dabei, ein Gefühl für eine Handlung zu bekommen und sind wichtig für die Sprachbildung.

Ich persönlich liebe Geschichten in Reimform. Sie vermitteln nicht nur ein Gefühl für Sprachmelodie, du kannst sie gemeinsam mit deinem Kind erzählen. Kinder lernen so unglaublich schnell. Spätestens nach der dritten Wiederholung ist klar, was als Nächstes kommt. Jeder Versprecher wird sofort erkannt und korrigiert. Ich wundere mich immer, wie kleinlich Kinder sein können.

Die örtliche Bücherei oder Buchhandlungen besitzen eine riesen Auswahl an Kinderbüchern. Schaut mal dort vorbei und lasst euch überraschen.

Wenn ihr euer Schlafritual beendet habt, dann lass dich nicht zu unendlichen Wiederholungen überreden. Dein Kind wird dir alles versprechen, damit du noch einmal die Geschichte erzählst oder nur noch einmal das Lied singst.

Ein Ritual ist ein Zeichen dafür, dass jetzt ein neuer Tagesabschnitt beginnt. Und das Ende des Schlafrituals ist der Beginn des Einschlafens. Sei hier konsequent, sonst bleibst du stundenlang im Kinderzimmer und liest ein Buch nach dem anderen oder singst dasselbe Lied in Endlosschleife.

Wenn ihr das Schlafritual beendet habt, bringe dein Kind zur Ruhe:

- Schalte die Schlaflampe ein,
- richte das Bettchen gemütlich ein,
- sage allen Kuscheltieren „Gute Nacht" und
- wünsche deinem Kind schöne Träume.

Je nachdem wie weit ihr seid, kannst du jetzt aus dem Zimmer gehen, oder du bleibst noch, bis dein Kind eingeschlafen ist (bzw. kurz davor ist). Jetzt kann es ruhig und entspannt einschlafen.

Wenn dein Kind nicht ins Bett möchte

Das kann viele Gründe haben.

- **Es hat am Mittag lange geschlafen und ist noch nicht müde:**
  Verlege die Schlafenszeit einfach etwas nach hinten. 30 Minuten können schon viel Ruhe reinbringen. Vermittle deinem Kind ein Zeitgefühl, indem du ihm sagst, dass es noch spielen kann, bis der Zeiger der Uhr auf..... steht. Gleichzeitig kannst du mit der Kinderbetreuung nach einer Lösung suchen, dass dein Kind mittags weniger schläft. Wenn zu viel Energie in der Luft ist, hilft immer ein meditativer Abendspaziergang. Das mache ich mit meinen Kindern noch heute. An der frischen Luft vertieft sich die Atmung und wir werden ruhiger. Immer.

- **Es ist komplett überdreht:**
  Anstatt es jetzt durch 1.000 Aktivitäten müde zu machen, solltest du ihm mehr Ruhe geben. Mach nicht so viel Licht, denke dir ein ruhiges Spiel aus oder ihr malt zusammen mit Buntstiften. Dabei hat dein Kind etwas zu tun und kommt zur Ruhe.

- **Es hat Angst**:
  Mit der Persönlichkeit kommt auch die Fantasie. Und sie bringt viele Möglichkeiten mit sich, was sich in dunklen Ecken oder im Schatten verstecken könnte. Häufig sind die Auslöser für solche Ängste kleine Details in Geschichten oder eine Situation, bei der sich dein Kind sehr stark erschreckt hat. Hier helfen vor allem Gespräche mit deinem Kind. Findet heraus was genau diese Angst hervorruft und wie man darauf reagieren könnte. Indem du mit deinem Kind über seine Ängste sprichst, hilfst du ihm sie zu verstehen und gibst ihm das Gefühl nicht allein zu sein. Außerdem weißt du was in seinem Köpfchen vor sich geht.

- **Ein Familienmitglied ist krank oder es kommt ein neues Geschwisterchen:**
  Für dein Kind seid ihr eine feste Gemeinschaft; etwas das so selbstverständlich ist wie Sonne und Mond. Wenn einer der Gemeinschaft fehlt, können Existenzängste entstehen. Das gleiche gilt, wenn du wieder schwanger bist. Dein Kind spürt die anstehenden Veränderungen, deine Sorgen und deine Anspannung, weiß sie aber nicht einzuschätzen. Gib ihm Nähe und Geborgenheit. Das tut euch beiden gut.

- **Es hat Sorgen:**

  Vielleicht hat es sich in der Kita mit einem anderen Kind gestritten, etwas kaputt gemacht oder Ärger mit einem ErzieherIn bekommen. Irgendetwas liegt ihm auf der Seele. Du kennst nur den Alltag, den dir die Kita präsentiert. Viele Dinge nehmen wir Erwachsenen aber nicht so ernst die für ein Kind eine große Belastung sind. Indem ihr zwei darüber redet, gibst du deinem Kind das Gefühl nicht alleine zu sein und deine Unterstützung zu haben. Am nächsten Tag kannst du die Situation in der Kita ansprechen, und ihr findet gemeinsam eine Lösung.

Je sensibler dein Kind ist, desto intensiver reagiert es auf diese Punkte. Wir sehen viele Details nicht, die für ein Kind wichtig sein können. Indem du dich auf diesen Entwicklungsschritt einlässt, hilfst du deinem Kind nicht nur leichter einzuschlafen, du zeigst ihm auch wie man Konflikte lösen kann.

Wenn die Ursache für die Aufregung gefunden ist, geht dein Kind beruhigt ins Bett. Sollte es in der Nacht wach werden und eine Milchflasche verlangen, ist der nächste Absatz interessant für dich.

Wenn dein Kind nachts viel trinkt

Beim Kleinkind von 24 bis 36 Monaten ist spätestens jetzt der Zeitpunkt gekommen, die nächtliche Milchflasche in die Vergangenheit zu schicken. Dein Kind hat jetzt Zähne und isst die normalen Mahlzeiten am Tisch. Die Milchflasche (oder auch die Wasserflasche) in der Nacht ist nur noch eine Angewohnheit, die es beim Durchschlafen stört. Auch weil es dein Kind schon immer gewohnt war während des trinkens einzuschlafen, verlangt es jedes Mal nach einer Trinkflasche, wenn es aufwacht. Als Baby diente diese Flasche natürlich als zusätzliche Nahrung. Aber jetzt behindert ihn diese Angewohnheit in seiner Entwicklung. Gerade sensible Kinder gewöhnen sich gerne an jedes Mal, wenn sie nachts wach werden, etwas zu trinken zu verlangen.

Und wie soll dein Kind dabei die Nachtruhe bekommen, die es braucht? Jedes Mal, wenn es nach einer Schlafphase nach seiner Flasche verlangt, wird es richtig wach. Anstatt sich einfach umzudrehen und weiter zu schlafen, muss es warten bis du kommst und ihm die gewünschte Flasche in die Hand drückst. Es gibt Kinder, die trinken mehr als 1 Liter Flüssigkeit pro Nacht. Das sprengt auch die dickste Windel, und du musst diese dann auch noch wechseln. Alles vermeidbare Punkte, die euch unnötig beschäftigen, anstatt zu schlafen.

Du kannst das ändern. Jetzt geht es darum ihm zu zeigen, dass es in der Nacht nicht trinken muss (und darum, ihm zu zeigen ohne Hilfsmittel einzuschlafen).

Wenn du das Gefühl hast, dass dein Kind bei Tisch genug gegessen hat, dann kannst du ihm langsam die Milchflasche abgewöhnen. Und zwar so:

Dazu mischst du die Milch mit mehr Wasser als gewöhnlich. Jede Nacht ein wenig mehr Wasser. Irgendwann hast du nur noch Wasser in der Flasche.

Klar wird dein Kind am Anfang nicht begeistert davon sein. Mein älterer Sohn hat sich vehement gewehrt und weiterhin auf seine Milch bestanden. Bleibe konsequent und biete deinem Kind diese Flasche mit verdünnter Milch an. Wenn es sie nicht trinken will, braucht es auch keine Flasche.

Interessant wird es, deinem Kind zu zeigen, ohne diese Flasche einzuschlafen.

Das Trinken ist eine Angewohnheit, und unser Gehirn nimmt alle Angewohnheiten so ernst, als seien sie überlebenswichtig. Falls du jemals versucht hast dir das Rauchen abzugewöhnen, weißt du wovon ich spreche. Dein Kind denkt und fühlt, dass es diese Flasche dringend zum Einschlafen braucht. Und es kann diese Not richtig dringend machen. Es wird alles versuchen, um an die Flasche zu gelangen: Weinen, schreien, wütend werden, betteln, mit der Unterlippe flattern, etc. Hab keine Angst, es braucht nachts keine Trinkflasche. Wichtig ist, dass du konsequent bleibst.

Leichter wird es, wenn du tagsüber übst ohne Flasche einzuschlafen:

- Biete deinem Kind etwas zu trinken an, bevor ihr ins Kinderzimmer geht, um euch hinzulegen.

- Wenn dein Kind keine Windeln mehr tragen möchte, geht ihr noch zur Toilette bevor es sich ins Bett legt. Das ist auch ein super Argument, um ihm zu erklären, dass es zum Einschlafen nicht trinken soll.
- Danach vollzieht ihr euer gewohntes Einschlafritual.
- Wenn dein Kind jetzt nach seiner Flasche fragt, sagst du einfach “Nein, nach dem Schlafen”.
- Es kann sein, dass es nicht liegen bleiben möchte und ständig aufsteht. Bleibe konsequent und lege es immer wieder hin. Versuche es durch liebevolle Berührungen auf der Matratze zu halten, halte es aber nicht krampfhaft fest. Es muss sich bewegen und sich dir entziehen können, damit es keine Angst kriegt.
- Zur Beruhigung kannst du gerne ein Schlaflied singen bis dein Kind ruhiger wird.
- Hat es sich beruhigt, dann lässt du die Berührung langsam immer weiter werden. Entferne dich schrittweise von deinem Kind bis du nur noch neben dem Bett sitzt und wartest.

Und wenn dein Kind nachts nach seiner gewohnten Flasche ruft? Dann habt ihr es bereits tagsüber geübt. Erinnere es an den Mittagsschlaf. Erzähle ihm, dass Erwachsene auch nicht nachts trinken; das es normal ist.

Ich weiß, dass es sehr viel Willenskraft braucht, um mitten in der Nacht konsequent zu bleiben, nur um dem Kind das Trinken abzugewöhnen. Aber stell dir vor, dass es einen Sinn macht, wenn dein Kind nachts nichts mehr trinkt.

Gerade nervöse Kinder trinken während der Nacht sehr viel und gerne. Es ist eine Gewohnheit aus der Babyzeit. Und als Baby hat die Flasche nicht nur den Hunger gestillt; die Flasche oder die Brust bedeuteten Wärme und Schutz. Wenn dein Kind trinken konnte war die Welt in Ordnung. Du warst da, es fühlte sich geborgen und sicher. Dieses Bedürfnis nach Wärme und Schutz kann man auch anders befriedigen: Mit kuscheln.

Biete deinem Kind immer wieder deine Nähe an. Nimm es in den Arm und rede beruhigend mit ihm.

Solltest du den Eindruck haben, dass dein Kind wirklich Durst hat, dann gib ihm natürlich etwas zu trinken. Aber es sollte nicht dabei einschlafen, das wäre wiederum die Angewohnheit.

Ich weiß, wie herzerweichend Kinder in diesem Alter weinen können. Als Mutter blutet einem das Herz. Das ist natürlich. Dein Kind folgt nur seinem Instinkt, der ihm von der Natur mitgegeben wurde. Sein Hang zur Dramatik ist dabei Teil seines Überlebensprogramms.

Du weißt ja, dass du sein Überleben sicherst. Nimm es also nicht allzu ernst, wenn die Tränen in Strömen fließen und die Unterlippe flattert. BLEIBE KONSEQUENT!

Was würde passieren, wenn du mit der Nachtflasche weiter machst?

Ich höre immer wieder von Eltern, dass das Kind in diesem Alter beim Abendessen nicht viel isst. Wenn dann aber das „Zu-Bett-geh-Ritual“ beginnt, bekommt es plötzlich Hunger.

Du als Mutter möchtest dein Kind natürlich nicht hungrig ins Bett schicken. Ein leerer Bauch schläft schließlich nicht gerne. Also gibst du ihm noch eine Kleinigkeit zu essen. Dieses Verhalten wird zur Angewohnheit.

In der Nacht hat dein Kind dann wirklich Hunger. Der kleine Snack vor dem Schlafen hat nicht gereicht und die Angewohnheit, nachts Milch zu trinken ist ein erlerntes Schema. Die Milchflasche ist somit wirkliche Nahrung.

Gewöhne dein Kind an regelmäßige Essenszeiten. Es gibt die 3 Hauptmahlzeiten und die Zwischenmahlzeiten. Wenn das Abendessen vorbei ist, ist die Küche geschlossen! Wenn dein Kind zu diesen Mahlzeiten nichts essen will, muss es das auch nicht. Es bekommt aber auch nichts außer der Reihe. Das bedeutet: Es gibt nachts auch keine Milch mehr. So lernt dein Kind zu den gemeinsamen Mahlzeiten zu essen, bis es satt ist. Das ist ein Lernprozess, der wichtig ist für euer gesamtes Familienleben.

Unser Kinderarzt, der selbst 5-facher Vater ist, hat mir damals einen Rat gegeben, der in jedem Alter passt: Kein Kind verhungert freiwillig!

Sicherlich wird dein Kind nicht verhungern. Wir können tagelang komplett ohne Nahrung auskommen. Eine Nacht mit weniger Essen kann der Körper leicht wegstecken. Am nächsten Morgen wird dein Kind mehr Appetit haben und den ganzen Tag gut und gesund essen.

Spätestens nach 1 Woche wirst du bei Tisch ein Kind sitzen haben, das fröhlich ist und sich über das Essen freut. Ihr werdet ein harmonisches Abendessen als Familie haben. Das ist die allerbeste Grundlage für eine ruhige Nacht.

Was jetzt noch die selige Nachtruhe stören könnte, wären Monster, Gespenster & Co.

Wenn dein Kind nachts aufwacht, hat es häufig Angst

Gerade sehr sensible Kinder schlafen nicht in jeder Entwicklungsstufe gleich. Es ist fast wie eine Berg- und-Talfahrt. Eine Zeit ist alles super, dann wird dein Kind wieder nachts wach. Die Gründe dafür können vielseitig sein, unter anderem sind Alpträume in dieser Phase sehr häufig.

Mit der Trotzphase entwickelt sich auch die Fantasie. Jetzt, da sich dein Kind Geschichten und Abläufe wirklich vorstellen kann, ist es auch nicht schwer, ein Monster unter dem Bett zu sehen. Häufig sind die Auslöser für diese Ängste kurze Sequenzen aus der Erinnerung des Tages. Vielleicht hat dein Kind ein Werbeplakat gesehen das ihm Angst gemacht hat (oft sind diese Bilder verknüpft mit einem lauten Geräusch, über das sich dein Kind erschreckt hat). Oder du warst besonders gut im Vorlesen einer Geschichte und nun wird dein Kind die Angst vor einer Figur nicht mehr los. Die Auslöser sind meistens Kleinigkeiten, die dir oft gar nicht auffallen. Aber für dein Kind sind sie real.

Und genau das ist sehr wichtig. Die Ängste, die dein Kind empfindet, sind für ihn real. Verkneife dir ein Lachen, wenn dein Kind von seinen Ängsten erzählt. Spiel sie nicht runter, sondern nehme sie ernst. Es fühlt sich eh schon ganz schlecht wegen dieser Angst. Wenn es das Gefühl hat, du nimmst es nicht ernst, fühlt es sich nicht besser, sondern wird versuchen, diese Angst durch Argumente zu untermauern.

Wenn dein Kind durch einen Alptraum aufwacht und du es beruhigen möchtest, achte darauf, jeglichen Stress zu vermeiden. Sei nicht sauer, auch wenn du todmüde bist. Höre deinem Kind zu und lass dich darauf ein. So kann es Vertrauen gewinnen und sich entspannen. Biete ihm Nähe und Schutz. Bleibe bei ihm, bis es wieder eingeschlafen ist.

Ein Kind, das Angst hat wieder einzuschlafen, wirst du nicht zum Schlafen bewegen können. Klar wird es auch Nächte geben, da kommt dein Kind zu dir ins Bett und schläft dann eben dort. Ihr seid eine Familie. Es ist nicht schlimm. Versuche aber zunächst alles, damit es wieder einschläft; in seinem eigenen Bett.

Tagsüber kannst du mit ihm besprechen, warum es nachts aufgewacht ist. Lass es aus seiner Erinnerung erzählen. Und dann könnt ihr gemeinsam Lösungen suchen, falls das noch einmal passiert.

Diese Gespräche kannst du nachts wiederaufleben lassen. Vielleicht hattet ihr tagsüber eine Idee, was ihr bei einem Alptraum machen könntet? Ich finde Fingerspiele immer großartig:

- Dein Kind konzentriert sich auf etwas anderes und wird von seiner Angst abgelenkt.

- Ihr braucht kein Licht dafür und es werden keine weiteren Reize angesprochen.
- Du gibst deinem Kind eine Möglichkeit, sich selbst zu beruhigen und eine Beschäftigung, wenn es mal Langeweile hat.
- Du kannst die Fingerspiele mit Liedern verbinden. Das beruhigt.

Auch wenn es noch so verlockend ist, das Kind einfach mitzunehmen, es hilft dir nicht bei deinem Ziel, nachts wieder Ruhe zu haben. Wenn dein Kind lernt, dass sein Bettchen sein Rückzugsort und seine Burg ist, dann wird es diesen auch immer suchen, wenn es Ruhe haben möchte.

Regelmäßiger Medienkonsum kann auch ein Grund für Alpträume sein.

Wie viel Medienkonsum ist für dein Kleinkind vertretbar?

Im 21. Jahrhundert gehören Medien (Fernsehen, Handy, Tablet, etc.) zu unserem Alltag. Auch ich mache über den Tag verteilt Fotos von den Tageskindern und schicke sie den Eltern, damit diese an unseren Highlights teilhaben können.

Liegt ein Kind auf meiner Wickelkommode, habe ich immer eine alte Fernbedienung, mit der es spielen kann. An dem, was die Kinder dann nachspielen, kann ich erkennen, wie die Eltern zu Hause ihre Handys einsetzen. Einige Kinder schreiben eine SMS, andere machen ein Foto und wieder andere telefonieren. Das ist eben unser heutiges Leben.

Kinder unter 3 Jahren sind vollauf damit beschäftigt, ihre Welt zu entdecken. Sie beginnen gerade erst zu begreifen, dass die Welt mehrdimensional ist. Die eigene Hand auf einen Gegenstand zuzubewegen und diesen zu greifen, weil das Auge es so sieht, ist ein Riesenschritt. **Das Handy stört diese Entwicklung. Regelmäßiger Gebrauch des Handys ist sogar schädlich für die Sprachentwicklung und spätere kognitive Entwicklung.**

Des Weiteren ist die Bildfrequenz von Videos und Fernsehen viel zu schnell für das Auge deines Kindes. Selbst die schönen Kindersendungen auf KiKA, die bereits ab 6.00 Uhr morgens ausgestrahlt werden, sind schon zu viel für dein Kind. In dieser Phase ist es vollauf mit sich selbst beschäftigt. **Es braucht kein Fernsehen und kein Handy**. Alles das sind Eindrücke, die es im Schlaf verarbeitet.

Wenn du dein Kind in dieser Zeit mit den Medien in Kontakt bringst – es gibt viele Gründe, weshalb du das nicht vermeiden kannst, ich weiß das-, dann beachte bitte folgende Eckpunkte:

1. Suche mit Bedacht aus, was dein Kind sieht. Nicht alles, was FSK 0 hat, ist auch für Kleinkinder geeignet. Viele Sendungen / Videos haben einfach zu viel Handlung und Text. Orientiere dich an den Bilderbüchern deines Kindes.

2. Maximal 10 Minuten! Die natürliche Aufmerksamkeitsspanne deines Kindes ist nicht länger. Alles darüber hinaus bedeutet Stress! Wenn du eine Sendung über Pay-TV aussuchst, stelle die Auto-Play-Funktion aus, damit nicht gleich die nächste Folge beginnt, wenn die andere gerade beendet ist. Dein Kind meldet sich von allein, wenn eine Sendung vorbei ist, auch wenn du nicht mitschaust.

3. Mache den Fernseher / das Handy / Tablet anschließend aus.

4. Wenn es ältere Geschwister gibt, die Sendungen für ihr Alter sehen möchten, bzw. Spiele spielen möchten, vereinbare mit ihnen Zeiten, in denen dein Kleinkind nicht im Raum ist. Zur Not gehst du mit deinem Kind in sein Kinderzimmer und spielst dort oder du findest mit dem Geschwisterkind eine andere Lösung. Auch ihm schadet es nicht, tageweise auf die Medien zu verzichten.

5. Führe Medienregeln für die ganze Familie ein. Seid kreativ und bestimmt eure eigenen Regeln. Wichtig dabei ist, dass ihr sie einhalten könnt.

Na klar gibt es über das Jahr verteilt genug Schwankungen in dem Gebrauch der Medien. Im Winter ist es schwieriger als im Sommer auf die Gadgets zu verzichten und gerade ältere Geschwister bestehen oft auf ihr "Recht". Da du aber immer das Wohl und die Entwicklung deines Kindes im Auge hast, wirst du die richtige Balance finden.

Im Alltag fällt mir aber auf, dass wir Erwachsenen uns fast nur noch mit dem Handy in der Hand bewegen. Viele Mütter schieben mit einer Hand den Kinderwagen und schreiben mit der anderen einen Socialmedia-Post. Teenager haben fast ausschließlich Kopfhörer im Ohr oder auf dem Kopf. Das ist die Welt, die Kinder heute sehen.

Aber durch dieses Verhalten leidet die Kommunikation zwischen uns. Wenn ich mich auf meine Emails konzentriere, kann ich mich nicht mit meinem Kind unterhalten. Und wenn ich ein Video ansehe fühle ich mich gestört, wenn mein Kind nach mir ruft. Die Sprachentwicklung deines Kindes leidet, wenn du dich ständig auf dein Handy konzentrierst.

Während du auf dem Spielplatz oder generell unterwegs bist, sieht dein Kind so viele Dinge, die es mit dir teilen möchte. Je nachdem wie sehr du darauf eingehst, motivierst du dein Kind seine eigene Sprachfähigkeit zu entwickeln.

Kanadische Forscher haben zum ersten mal den Einfluss von Handys und Tablets auf die Sprachbildung bei Babys untersucht. An der Studie nahmen 900 Familien mit Babys im Alter von 18 Monaten teil. Das Ergebnis: Je mehr Zeit die Babys am Bildschirm verbringen, umso später lernen sie sprechen.

Das gleiche gilt analog für die Nutzung der Sprache. Je nachdem wie sehr ich motiviert werde mich verbal auszudrücken, umso reicher ist mein Wortschatz. D. h.: Wenn du dein Kind dazu animieren möchtest einen großen Wortschatz aufzubauen und sich mitzuteilen, solltest du selbst darauf achten, wo deine Aufmerksamkeit liegt.

Wir kennen heute noch nicht gänzlich die Auswirkungen der neuen Medien auf die Entwicklung unserer Kinder. Gerade deshalb empfehle ich dir den bewussten Gebrauch dieser. Mach dir klar wie die Situation gerade ist und wie sie dein Kind in diesem Moment erfährt, und du findest euren eigenen Weg damit umzugehen.

Geschwister

In vielen Familien kommt nach ca. 2–3 Jahren ein Geschwisterchen, das die schöne Ordnung wieder komplett über den Haufen wirft. Alles auf Anfang.

Jetzt ist nicht nur deine Belastung als Mutter gestiegen, du möchtest dich am liebsten klonen, um allen und allem gerecht werden zu können.

- Du musst die Geburt körperlich verarbeiten,
- du kümmerst dich 24 Stunden lang um dein Baby,
- du möchtest natürlich auch noch als Mutter für dein erstes Kind da sein,
- du versuchst, die neue Situation deinem ersten Kind näherzubringen und unterstützt es dabei, eine Beziehung zu seinem neuen Geschwisterchen aufzubauen usw.

Aber:

- Du hast nachts fast keinen Schlaf mehr, weil du zwischen 2 Kindern hin und her rennst,
- du kannst dich tagsüber nicht erholen, weil du jetzt darauf angewiesen bist, dass der Haushalt steht und dein älteres Kind versorgt ist,

- du hast das Gefühl, völlig allein zu sein, weil dein Partner arbeitet und daher nachts seinen Schlaf braucht.

Wenn du dich hier wiedererkennst, hast du schon einmal den wichtigsten Punkt erkannt: Du bist nicht Super Woman!

Was kannst du tun, um die neue Situation zu managen?

Kennst du die Werbung, in der die Mutter auf einer Party gefragt wird, was sie denn *so macht*? Die Mutter antwortet selbstbewusst darauf: „Ich manage ein kleines, erfolgreiches Familienunternehmen!" Und jede Mutter von zwei oder mehr Kleinkindern weiß, dass das stimmt. Aber weißt du auch, wodurch sich eine erfolgreiche Managerin auszeichnet? - Sie kann gut delegieren!

Eine Familie ist eine Gemeinschaft, die aus mehreren Mitgliedern besteht. Wenn du die Möglichkeit hast, Großeltern, Tanten, Onkel, Nichten, Neffen oder Freunde um Unterstützung zu bitten, bitte tue es!

Dein Kind wird davon profitieren können. Das neue Baby braucht im Moment mehr Aufmerksamkeit von dir, aber dein älteres Kind ist gerade in einer anderen wichtigen Entwicklungsstufe und braucht mehr Input. Großeltern sind in dieser Phase super. Sie freuen sich darüber, das Enkelkind nach Strich und Faden verwöhnen zu können und gleichzeitig das Gefühl zu haben, gebraucht zu werden. Der Rest der Verwandtschaft übernimmt diese Aufgaben gerne, weil man sich in einer Familie gegenseitig unterstützt. Du musst dich nur trauen zu fragen.

Falls dein älteres Kind bereits in die Kita geht, kannst du befreundete Eltern fragen, ob sich die Kinder am Nachmittag stundenweise verabreden können. Das geht auch mal im Wechsel. Klar hast du dann ab und zu den Kindergarten zu Hause, jedoch empfinde ich es leichter, 5 Kinder zu betreuen als eines.

Auch der Kindsvater kann bei beiden Kindern mit „Vater-Kind-Zeiten" mehr eingebunden werden und Aufgaben im Haushalt übernehmen. So kannst du dich um das jeweils andere Kind kümmern, Haushaltsaufgaben delegieren und deine Zeit besser einteilen.

Wenn du dir unsicher bist, was du an deinen Partner abgeben kannst, oder wie ihr euch die Gesamtaufgabe *Familie* aufteilen könnt, sprecht miteinander. Macht gemeinsam eine Tagesaufstellung oder einen Wochenplan und überlegt, welche Tätigkeit zu wem und wann am besten passt. Auf diese Weise fühlt sich keiner von euch beiden übergangen oder ausgegrenzt oder gar ausgenutzt.

Und wie auch schon beim ersten Kind, empfehle ich dir dringend, über einen Babysitter nachzudenken. Dieses Geld ist gut investiert, weil du und dein Partner dann auch gemeinsame Zeiten planen könnt.

Grenze dein älteres Kind keinesfalls aus. Es ist wichtig, dass es sich in die neue Rolle als großer Bruder / Schwester hineinfindet. Wenn die Kinder älter werden, ist es super, wenn sie ein gutes Verhältnis zueinander haben.

Unterstütze dein älteres Kind darin, eine Beziehung zu seinem Geschwisterchen aufzubauen

In meiner Kindertagesbetreuung fangen jedes Jahr im August neue Kinder an. Die sind ca. 12 bis 14 Monate alt. Mit der Eingewöhnung beginne ich bereits im Mai. Warum? Weil wir uns alle an die neuen Kinder gewöhnen müssen. Es ist nicht nur so, dass sich das neue, kleine Kind in der ungewohnten Umgebung zurechtfinden muss. Auch die Gruppe - gerade die Kinder, die im August immer noch da sind - müssen sich an die neuen Kinder gewöhnen und mit ihnen gemeinsam eine neue Gruppe bilden. Das braucht Zeit.

Wenn du wieder schwanger bist, merkt das dein älteres Kind. Klar, du erklärst ihm oder ihr, dass bald ein neues Geschwisterchen kommen wird und dein Kind sieht die Veränderungen an deinem Körper. Aber es kann sich nicht vorstellen, was das bedeutet. Anfangs fällt dein Kind vielleicht in ein Baby-Verhalten, in dem es viel weint, unsicher und sensibel ist. Jetzt ist es nicht ungewöhnlich, dass es sehr stark klammert und dich auch nachts nicht aus den Augen verliert. Es spürt die Veränderung, kann sich aber beim besten Willen nichts darunter vorstellen.

Mein erster Sohn hatte sich wirklich sehr auf seinen kleinen Bruder gefreut. Endlich war er nicht mehr der Jüngste der Familie. Endlich wurde er zum GROSSEN Bruder. Er konnte es bis zur Geburt kaum abwarten. Die Ernüchterung war natürlich groß. Er hatte sich einen Spielkameraden vorgestellt, mit dem er den ganzen Tag spielen könnte und der mit zur Kita käme. Stattdessen kam ein „hilfloses Etwas" bei dem die Erwachsenen immer nur sagen: „Vorsicht!". Und dann das ewige Babygeschrei! Nervig!

Meinen Tageskindern erkläre ich ausführlich und geduldig, wenn ein neues Kind am Anfang viel weint und Nähe braucht. Ich ermuntere sie Aufgaben zu übernehmen. Es gibt Kinder, die haben eine natürliche soziale Ader. Sie lieben es für einen Menschen verantwortlich zu sein; es zu trösten oder mit ihm zu spielen. Das gibt ihnen Sicherheit und einen Sinn.

Ich habe mir damals viel Zeit für meinen älteren Sohn genommen. Wir haben zusammen seine Babyfotos angesehen und ich habe ihm lustige Geschichten aus dieser Zeit erzählt. Wenn er wollte, konnte er auch Aufgaben übernehmen. Diese beschränkten sich nicht nur auf das Halten der Babyflasche, sondern er hat auch den Kinderwagen geschoben, die dreckigen Windeln in den Mülleimer gebracht oder einfach auf das Baby aufgepasst, wenn ich duschen wollte (selten, aber es kam vor). So fühlte er sich nicht ausgeschlossen. Und durch die ihm übertragenen Aufgaben kam er nicht in Versuchung, ebenfalls wieder ins Babyschema zurückzufallen.

In dieser Situation ist es wichtig, dass sich das ältere Kind nicht ausgegrenzt fühlt. Es fernzuhalten, würde dein Kind nur sensibel für alle Geräusche machen, die mit dem Baby zu tun haben. Bei jedem Schrei würde es daran erinnert werden, dass deine Aufmerksamkeit jetzt nicht mehr ihm / ihr allein gehört. Einige Kinder versuchen an dieser Stelle, ebenfalls durch Schreien deine Aufmerksamkeit zu erhalten. Oder sie bettnässen auf einmal oder lassen sich sonst etwas einfallen. Es wird dann fast ein Wettbewerb zwischen den Kindern: Wen hat Mama lieber? Diesen Streit möchtest du nicht haben.

Was kannst du tun, wenn dein Baby nachts schreit und dein älteres Kind dadurch wach wird?

Auch der tiefste Schlaf aller Familienmitglieder wird gestört, wenn ein neues Baby hinzukommt. Für dein älteres Kind sind die nächtlichen Störungen natürlich neu. Jetzt ist es erst einmal wichtig, dass es sich an die ganze Situation gewöhnt. Nicht nur für dich und deinen Partner ist das neue Baby ein Abenteuer. Dein Kind muss die neue Situation erst einmal verstehen. Wenn es sich an das Geschwisterchen gewöhnt hat, wird es auch weiterschlafen, obwohl du dich nachts um das Baby kümmerst.

Wenn ein neues Tageskind zum ersten mal bei mir schläft ist es ganz normal, dass es zunächst einmal weint. Auch wenn es die gesamte Schlafsituation bereits vorher mit seiner Mutter / Vater erlebt hat, ist es etwas ganz anderes dann ohne diesen Halt einzuschlafen, in einer ungewohnten Umgebung und mit vielen anderen Kindern.

Ich versuche für uns alle die Situation so angenehm wie möglich zu gestalten. Die Mutter / Vater des neuen Kindes stehen auf Abruf bereit, falls das Kind nicht schlafen möchte. Dann kann sie / er es kurzfristig abholen, so dass es die Ruhe erhält, die es jetzt braucht. Und ich bereite meine Gruppe darauf vor, dass heute das neue Kind bei uns schlafen wird. Es kann sein, dass es weint. Das ist nicht schlimm.

Interessanterweise nehmen die Kinder diese Information an. Es ist in Ordnung für sie, wenn das neue Kind am Anfang öfter weint und meine Aufmerksamkeit braucht. Die Kinder schlafen trotzdem normal ein und verzichten sogar auf ein gewohntes Ritual, damit ich die Hände für das "Neue" frei habe. Auch wenn das Kind nach kurzer Zeit wach wird und weint, lassen sich die anderen nicht in ihrem Schlaf stören.

Am Anfang wachte mein erster Sohn nachts durch das Babygeschrei auf. Leider konnte ich beide Kinder nicht stillen und musste somit immer eine Flasche mit Pre-Milch fertigmachen. Diese muss immer frisch zubereitet werden. Wenn er wach wurde und in die Küche kam, um zu sehen, was los ist, erklärte ich ihm, was ich da tue. Anschließend setzten wir uns zwei gemeinsam ins Kinderzimmer und er sah zu, wie ich seinem kleinen Bruder die Flasche gab. Bereits nach ein paar Tagen war ihm das zu langweilig. Wenn er jetzt durch das Babygeschrei wach wurde, musste ich ihm nur sagen: „Schlaf weiter. Es ist nur dein Bruder". Entweder schlief er sofort wieder ein oder er beschwerte sich über den Lärm und schlief dann wieder ein. Ich hatte einen sehr kooperativen Sohn!

Was ich damit sagen möchte ist folgendes: Wenn dein älteres Kind merkt, dass es nicht eifersüchtig sein muss, wird es sein kleines Geschwisterchen als ein neues Familienmitglied ansehen und möchte dich unterstützen. Gib ihm das Gefühl, einen festen Platz in eurer Familiengemeinschaft zu haben, die das neue Baby nur erweitert hat. Sein Schlaf wird nicht lange durch das Baby gestört. Bereits nach kurzer Zeit hat sich dein älteres Kind einen "Gehörschutz" in sein Unterbewusstsein eingebaut, der ihn ruhig weiterschlafen lässt. Das ist eine natürliche Schutzfunktion unseres Gehirns, die uns aufweckt, wenn etwas Ungewöhnliches passiert oder weiterschlafen lässt, wenn alles in Ordnung ist.

Können Babys und Kleinkinder bei Lärm schlafen?

Grundsätzlich ja. Unser Gehör ist immer online, selbst wenn wir im Tiefschlaf sind. Wir können unsere Ohren nicht verschließen. Alle Geräusche um uns herum werden durch den Gehörgang ins Gehirn geleitet und dort verarbeitet. Bei "normaler Geräuschkulisse" schlafen wir tief und fest.

Wenn du es z. B. gewohnt bist mit geöffnetem Fenster an einer Autobahn zu schlafen, stören dich die Autogeräusche nicht. Allerdings hättest du echte Probleme ohne Straßenlärm zu schlafen.

Genauso verhält es sich mit deinem älteren Kind. Wenn es die Geräusche seines Geschwisterchens akzeptiert hat, lernt es weiter zu schlafen und wacht nicht mehr auf.

Das Gleiche gilt für dein neues Baby. Es kennt die Geräusche, Stimmen und Frequenzen bereits aus dem Uterus. So kann es problemlos schlafen, während um ihn herum der ganz normale Familienalltag abläuft.

Schluss

Wenn du bis hierhin gelesen hast, weißt du, dass der Schlaf deines Kindes ständig schwankt. Es gibt ruhige Zeiten und weniger ruhige Zeiten. Aber was dein Kind vor allem braucht ist eine erkennbare Struktur in seinem Alltag und liebevolle Konsequenz in dem Handeln seiner Bezugspersonen. Diese beiden Säulen geben ihm Sicherheit und Ruhe. Und wir alle schlafen entspannt, wenn wir uns sicher fühlen.

Familie bedeutet ständige Auseinandersetzung. Mit sich selbst und mit den anderen Familienmitgliedern. Alles, was du fühlst und was dich beschäftigt, spürt dein Kind. Und es muss sich zudem in den ersten 3 Lebensjahren mit sehr vielen Entwicklungsschritten und Konflikten auseinandersetzen, die es zunächst nicht verstehen kann. Es braucht dich als Guide, um die Welt zu begreifen.

Wenn du unsicher bist, wie du anfangen sollst oder welche Punkte dieses Buches du wie umsetzen kannst, **vereinbare ein kostenloses Telefongespräch** mit mir. In diesem Gespräch können wir deine Situation persönlich besprechen und gemeinsam überlegen, wo du stehst und wie du deine Ziele erreichen kannst.

Bei meiner Arbeit als **Eltern-Kinder-Coach** und Tagesmutter geht es mir darum, Familien dabei zu unterstützen, ihre eigene Form von Familienleben zu entwickeln und zu leben.

Wenn Du bei der Entwicklung neuer Gewohnheiten, Rituale und Regeln am Ball bleiben möchtest, **trage dich in meinen Newsletter** ein. Ich sende dir dann regelmäßig Praxistipps zum Thema zu und helfe dir, dich an deine Ziele zu erinnern.

Ich freue mich sehr darauf, dich kennenzulernen.

Über die Autorin

Sabine Lüders, geboren 1970, lebt und arbeitet mit ihren zwei Kindern in Bielefeld.

Nachdem sie 1999 ein Betriebswirtschaftsstudium an der FH Bielefeld erfolgreich abgeschlossen hatte, sammelte sie zunächst Erfahrungen im Finanzsektor bei Anlageberatern und Onlinebanken in Berlin. Zwischen 2001 und 2002 lebte die Autorin für längere Zeit in Lateinamerika und den USA, bevor sie nach Hause zurückkehrte und sich zum SAP-Consultant ausbilden ließ. Sie erzählt über sich selbst:

Die Arbeit als Unternehmensberaterin war sehr interessant und abwechslungsreich, aber auch mit viel Reisen verbunden. Daher habe ich mich nach der Geburt meines zweiten Kindes entschlossen, mich beruflich neu zu orientieren:

Im Jahre 2012 gründete ich die Kindertagespflege Bim Bam Boo in Bielefeld. Hier betreue ich täglich 5 Kinder im Alter zwischen 1 und 3 Jahren. Ich habe in dieser Zeit über 50 Kinder eingewöhnt, gefördert und gepflegt. Der Schlaf war immer ein wichtiges Thema, in jedem Alter.

Bei meiner Arbeit ist es wichtig, sowohl die Bedürfnisse des einzelnen Kindes als auch die Bedürfnisse der ganzen Gruppe im Auge zu behalten. Jedes Kind muss sich bei mir vollkommen wohlfühlen, um sich gesund entwickeln zu können. Ein guter Schlaf ist ein wesentlicher Beitrag zur gesunden Entwicklung eines Kindes.

Bei mir schlafen alle Kinder zur selben Zeit und im selben Raum. Um zu gewährleisten, dass jedes Kind die Ruhe bekommt, die es braucht, müssen sich alle Kinder auf eine gemeinsame Schlafdauer einigen. Selbst wenn ein Kind weniger Schlaf brauchen sollte als die anderen, wird es in seinem Bettchen liegen bleiben und sich dort ruhig beschäftigen. Das funktioniert aber nur, wenn sich das Kind wohlfühlt.